DIGITAL CURRENCY

数字货币来了

比特币·区块链 货币未来

何为 罗勇 著

Bitcoin ·
Blockchain ·
The Future of Currency ·

当代世界出版社
THE CONTEMPORARY WORLD PRESS

图书在版编目（CIP）数据

数字货币来了：比特币·区块链·货币未来 / 何为，罗勇著. —北京：当代世界出版社，2021. 2

ISBN 978-7-5090-1579-7

Ⅰ. ①数… Ⅱ. ①何… ②罗… Ⅲ. ①数字货币-研究 Ⅳ. ①F713. 361. 3

中国版本图书馆 CIP 数据核字（2020）第 243254 号

书　　名：数字货币来了：比特币·区块链·货币未来
出版发行：当代世界出版社
地　　址：北京市地安门东大街 70-9 号
邮　　编：100009
邮　　箱：ddsjchubanshe@163. com
编务电话：(010) 83907528
发行电话：(010) 83908410（传真）
13601274970
18611107149
13521909533
经　　销：新华书店
印　　刷：北京中科印刷有限公司
开　　本：880 毫米×1230 毫米　1/32
印　　张：8. 25
字　　数：134 千字
版　　次：2021 年 2 月第 1 版
印　　次：2022 年 2 月第 3 次
书　　号：ISBN 978-7-5090-1579-7
定　　价：69. 00 元

目录

引言
从美国制裁说起

1

未来大势

2

共识性货币
——从比特币说起

3

金融生态权力飘移

4

“怎么管”是国家货币战略问题

5
结语

引　言

从美国制裁说起

表象

2020年，在很多美国人眼里，他们再度经历了一次“珍珠港事件”。不同之处在于，头一次遭受的是炮弹袭击，这次是新冠病毒袭击；头一次的破坏范围仅在夏威夷岛，这次影响到整个美国本土；头一次致死2000多人，这一次的数目从截至2022年1月底的80多万，还在看不到尽头地往上蹿；头一次是日本蓄意为之，此次是天灾更是人祸。

特朗普政府在应对新冠问题上的决策失误，是造成人祸的重要原因。然而，对新冠起源的争论，刺激了中美两国广大民众。数千万计疯狂传播的虚假信息和相互指责加剧了中美两国人民之间的不信任，也加剧了两国的意识形态之争。中美民众的情绪互动更多是在“泄愤”，而非“交流”。

最后，无论是美国的体制葬送了这80多万人，还是任何其他解释，在面对疫情毫无有效抵抗之力时，美国人非常担心——如果这种病毒卷土重来，美国的价值观将面临破产。

如果不惧怕自由的代价，这个民族就会有灭亡的风险。如果放弃他们存于心中，并镌刻在《权利法案》中的个人自由和权利，那么美国将不得不承认，其文化和制度在今天的世界不如更加崇尚权威的“欧亚文化”。

于是，这个抗拒中庸文化的民族对于中国的态度陡然变化了。皮尤研究中心调查发现，从2008年到2013年，当中国迅速崛起时，美国人对中国持正面看法的人数在不断攀升；但在2020年，有66%的美国人对中国持负面态度，有91%的美国人认为中国是威胁，其中62%认为中国是主要威胁。过去有很多为中国说话的政客和专家，现在他们的声音几乎消失了。拜登在2019年7月还发了一封公开信——《中国不是敌人》。但在新冠肺炎疫情暴发和香港实施国安法以后，拜登团队改变态度，批评特朗普对中国太软。拜登上台后很有可能继续，不光要使用制裁手段建立不依赖于中国的通信业生态，还要在医疗行业对中国企业开始“针对性管制”。

在2020年，有66%的美国人对中国持负面态度，有91%的美国人认为中国是威胁，其中62%认为中国是主要威胁。

这期间民意的转变，堪比“珍珠港事件”前后美国对是否介入第二次世界大战的民意转变，也许是特朗普政府高层盼望了许久、也引导了许久的。这个转变最终“跟上”了特朗普政府和国会立法者对中国崛起的焦虑，其结果是国会快速、高票通过多项对华制裁法案，包括《香港自治法案》《新疆人权法案》，特朗普颁布多项行政令。其中，《香港自治法案》连同2019年年底通过的《香港人权与民主法案》及《香港正常化总统行政令》给特朗普政府装备了一个威力巨大的制裁“弹药库”，对中国金融行业构成严重威胁。

在美国宣布制裁香港特首林郑月娥和中联办、港澳办负责人等11位中国官员以后，不光多个国际性大银行——汇丰、渣打、美国银行宣布配合美国制裁，连多家在美开展业务的中资银行——包括中国银行、中国建设银行、招商银行也采取了“暂时”启动配合美国制裁的措施，对11位高官实行“限制性”对待——拒绝开户、中止信用卡使用。

2020年8月18日，林郑在接受CGTN（中国国际电视台）采访时说：“对我来说，是不太方便，因为我们必须使用金融服务，而我们又不知道哪些金融服务背后跟美国有关联。现在信用卡大半不能用了。”

事实上，根据这个“弹药库”对被制裁对象极为“宽泛”的定义，被制裁的实体可以扩大至香港国家安全法的主要决定者和执行者，还包括香港立法会、保安局相关人士，以及为政府提供私人数据的公司，如通信公司、社交媒体、相关数据信息收集和处理机构、生产监视系统的公司，上下游企业，如AI技术企业，尤其是有政府背景的此类公司。美国现在选择制裁的11人，没有触及跟中央政府及有关的实体和公司，属于小范围打击，影响仍然可控。

截至作者结稿之时，中资银行香港分行采取了克制态度，尚未进行还击。

这样，就没有给美国或西方大银行将其“排除在美元交易圈”以外的借口和理由。世界上任何银行与这11位受害者进行“大量交易”，不管是人民币交易还是欧元交易，都有可能被美国的制裁条款打击。有大量美元业务的国际性银行因为担心被排除到美元交易圈以外，不管愿意与否，都只能配合美国的制裁。这些年来，这些国际性银行每年在制裁合规上的投入多达上亿美元。事实上，它们早就在建立跟香港制裁有关的“政治涉嫌人物”和“负面媒体消息人物”名单。在名单公布以前，香港行政会议成员、立法会议员陈智思等多位香港官员已经感受到了国际性银行对他们的“切割”。他说：“我很确定不只是我一个人遇到这种情况，我甚至和政府公务员交流过，银行也不愿意和他们中的一些人打交道。”

有大量美元业务的国际性银行因为担心被排除到美元交易圈以外，不管愿意与否，都只能配合美国的制裁。

在非西方国家，被制裁对象的钱也大半成为“死钱”。几年前，因为受美国制裁，土耳其国有银行被冻结了其在伊朗账户下的大量石油美元，土耳其国有银行高官在总统不反对的情况下，与该国一名交易商把这笔钱转到伊朗手中。他们通过虚假人道主义物资等交易，将伊朗的美元辗转多国，通过多个前台公司，最后传输到伊朗没有被制裁的银行账户中。这件事情很快被美国发现，引起了美土纠纷，主办者被判刑，土耳其多名高官辞职。

在外国银行“配合”美国制裁以后，如果中资银行与被制裁对象交易，就面临被制裁的风险，将会受到挤兑。在香港的西方大银行用“配合制裁”来稳定投资者和存储者，他们仍然大概率可以继续与香港大量的基金和企业进行国际贸易支付。所以中资银行不光要“暂时”禁止交易，还要让全世界知道，让投资人和消费者安心。

而且，中资银行的回应措施，还避免了连累总行。如果美国只制裁中资银行在港分行，不制裁在中国的总行，总行也会受到影响。美国制裁昆仑银行，并没有制裁昆仑银行的控制者——中石油，但是中石油在美国的利益仍然受到了很大影响。由于美国公司的风险规避，中石油在借贷和保险上受到很多限制。

可见，很多的限制性影响并非硬性规定的。就拿国际反洗钱组织来说，该组织没有任何法律强制力，但是，被它列为灰名单和黑名单，就会有大量的经济损失。此外，如果中资银行在香港的分行被制裁，中资银行在美国的分行就必须切割其联系。这种进退两难的局面，是中资银行必须避免的。

更为重要的是，如果中资银行被大量制裁，可能引起香港美元流动性的大规模减少，进而动摇港元和美元汇率稳定，打击港元的世界性和流通性，威胁香港的国际金融地位。根据所谓的《香港自治法》，与被制裁对象有大量交易的银行，将被禁止“涉美外汇交易”。外汇交易市场的背后，实际上是国际性大银行之间的银行间清算和资金转移。因此不光美国银行必须执行禁止外汇交易，大概率西方国际性大银行都要执行。为什么呢？因为美元的清算最终会大概率经过纽约，而现在世界上的外汇交易中涉及美元的交易有 89%，可见其打击范围之大。汇丰是一个离岸清算中心，可以不经纽约清算支付，少量资金可以在汇丰解决，大量大额清算则不行。多个中资银行被制裁的结果，将是减少美元供应，影响港美贸易以及过港贸易。

如果中资银行被大量制裁，可能引起香港美元流动性的大规模减少，进而动摇港元和美元汇率稳定，打击港元的世界性和流通性，威胁香港的国际金融地位。

《香港自治法》中另外一个极具打击力的是“禁

止与涉美银行间资金转移”。被禁的不光是美元传输，还包括与美国有关的其他资金传输。跟上一条不同的是，即使是自有美元，也无法转移、无法用于国际贸易。如果这些银行通过规避手段达到目的，一旦被发现，还有可能被指定为二级制裁对象，西方其他大银行会将其排除在外。这两条都会造成美元流动性不足，对港币贬值有潜在影响，其程度取决于“被制裁银行”的数量。最坏的结果是，大量中资银行及其总行被制裁，香港的美元流动性大为降低，政府调节汇率市场的能力被制约。一旦到了这个地步，“金融战”就可能成为一个选项，并损害中国和美国双方的重要利益。

到目前为止，这些制裁尚未产生大的、实质性影响，是因为中资银行的应对措施暂时避免了针锋相对的恶性循环。

美国的这个“弹药库”，相信不光是中国，在正常情况下，就是美国也不愿意轻易打开。但美国大选之后，国内政治如何发展还是个未知数，不确定性很多，不能排除“异常情况”的发生。

让我们回到促使美国国会快速通过这些法案的催化剂——美国民意。

2019 年，中美两国历经艰难谈判，签署中美贸易谈判第一阶段协议，让中美贸易战暂时平息，也让世人看到中美关系好转至少稳定的希望。但是，大部分美国民众并没有加入进来，而且在经济学界、左派和政治人物中也有诸多批评政府对华政策的声音。2020年香港国安法的颁布实施和新冠肺炎疫情的全面暴发，将美国大部分民众拉到对抗中国的阵营。国会迅速通过的多个法案给了特朗普政府一直想要的“尚方宝剑”，正如“珍珠港事件”给了罗斯福政府一直想要的加入二战的“统一战线”。

在美国民意集结的背后是什么呢？

背后

中国的崛起让美国从一个四处扩张的开放性强国调头内顾、处处“建墙”。2020 年新冠肺炎疫情让美国经济逆转，使民众生活大变。虽然美国各界认识到特朗普政府的防控失败是重要因素，也明白“甩锅中国”出于政治动机，但相当一部分人仍对中国十分不满。这些不满促成了相关法案的通过，也加速了美国在各个关键性技术领域“修墙”的步伐。

但是，在多数美国民众因为香港问题（NBA 火箭队总经理莫雷发表涉港争议性言论）和新冠问题开始关注中国、将中国视为威胁之前，美国政府和利益攸关者已经焦虑很久了。

全球化转向

2008 年全球金融危机之后，全球化向纵深发展，为世界经济带来了繁荣，但是也在发达国家引起了“逆全球化”的反弹。全球化意味着让渡部分主权，包括赋予资本在全球逐利的自由。这些自由带来的社会后果并不都是令人欢迎的，甚至带来了引发革命性冲突的后果。这几年，主权回归的声音在英美都很响亮。特朗普和约翰逊被选上并不是偶然的。现在，以美国为首、在战后建立的这一波全球化秩序在为世界提供70多年和平和繁荣以后，正在转向。

对于战后全球化的始作俑者和主要推动者美国来说，经历了几十年的资本、劳动力和物流的全球化，美国在社会地位和经济收入上的不平等问题已经严重到了前所未有的程度。吸毒问题加剧，自杀率升高，人均预期寿命在多年的缓慢增长与停滞之后，首次变短。经济与科技的领先优势收窄，在全世界的相对地位和影响力减弱，中产阶级实际工资增长缓慢，生活水平没有明显改善，美国各界弥漫着危机感和民粹主义。这些民粹主义思潮认为，以“铁锈地带”工人为代表的失业是因为全球化中资本的“毫无担当地逐利”造成的。他们相信，资本没有爱国热诚，哪里有利润就去哪里。他们将美国积累的结构性失业归结于美国“开放”的贸易政策，认为以中国为代表的发展中国家的低成本优势对美国制造业的冲击，已经从低端制造上升到了中端乃至一些高端行业。这些结构性问题最终引发了大量失业，导致吸毒、自杀和其他健康问题。

2016年，美国“民粹主义”在与“跨国资本”利益集团的博弈中赢了。这场没有硝烟的革命，在相互撕破脸皮的总统大选的厮杀声中结束，特朗普代表的反全球化施政纲领从此开启了撼动全球经济的大动作。在此类纲领形成之前，这批人早已了解该战略将导致物价上涨、宏观经济增长受阻等后果。但是，他们愿意牺牲宏观经济利益，甚至承受一定程度的物价上涨，因为他们相信宏观经济利益都已被跨国资本拿走，与他们毫无关系。

涉及国家安全的领域已经突破国防扩展至电信等领域，在该领域占据并保持优势地位成为美国国家安全策略。

中国是全球化进程的主要受益者，在经济和科技等诸多方面正在赶超美国，在美国的全面反全球化措施中毫无疑问首当其冲被视为主要竞争对手。进入2018年后，中美贸易争端不断升级，直接反映的是特朗普政府美国优先的“保护主义”的对外经济战略。这对于中国投资者意味着更多的贸易壁垒、行业性投资限制、进出口限制、经济制裁，美国对涉及关键性技术和“国家安全”（这个定义在不断扩大）的中国的投资行为的审查变得更加苛刻。涉及国家安全的领域已经突破国防扩展至电信等领域，在该领域占据并保持优势地位成为美国国家安全策略。《外国投资风险评估现代化法》（FIRRMA）专门针对中国提出了中国对美投资的报告要求——在法案生效后两年内及之后每隔两年，一直到 2026 年，美国商务部长须向美国国会和美国外国投资委员会（CFIUS）提交“中国投资人”对美国直接投资的报告，这将大大影响中国对美投资。

1990-2018 年，中美两国年度外商直接投资额比较

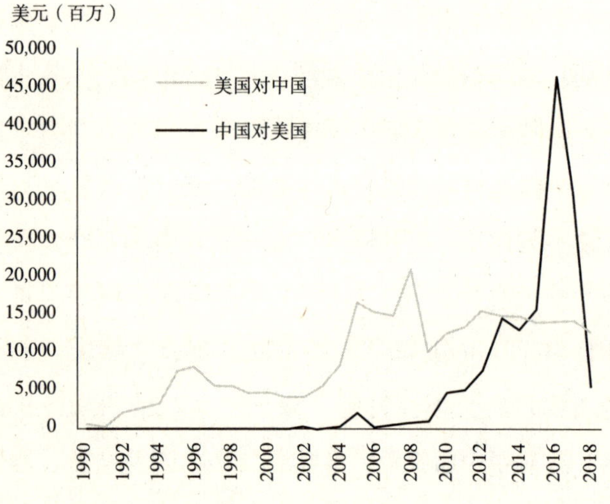

数据来源：荣鼎咨询公司

实施国家安全性审查的美国外国投资委员会（CFIUS）近几年名声尤其响亮，因为特朗普在就任

的前两年中就借用它阻止了几起外资并购——2017年特朗普制止了一家中国公司购买一家芯片制造商Lattice Semiconductor；2018年特朗普又阻止了新加坡一家公司对美国芯片制造行业领袖高通的购买计划；Tiktok（抖音海外版）在美国的境遇是CFIUS使用“国家安全”名义干涉商务的又一个令人瞠目结舌的案子。

但是，对外资监管的收紧趋势并不是美国专有。德国、法国、澳大利亚最近几年都加强了对外资并购的审查，并阻止了多个并购活动。然而，相较于其他OECD（经济合作与发展组织，简称经合组织）国家，美国对外资开放性的逆转程度相对较大。欧盟在香港问题上对中国进行了象征性的制裁，并且在紧锣密鼓地准备一个保护欧盟企业、针对来自外国（尤其是中国）的不公平竞争法案。总体来看，欧洲的制度体系和价值观和美国较为相似，更倾向于视美国为盟友、视中国为交易对象。

多年来，美国在中国运营的跨国公司是中美贸易的最大获益者之一。他们一边抱怨中国政府的“不公平政策”，一边不愿意采取行动离开中国。“美中贸易全国委员会”，一个代表美国跨国公司在中国有重大利益的200多个大公司的联合组织，每年都对成员做调查，以了解中国的运营环境。特朗普上台之前，他们发现有59%的成员非常担心在中国的“技术转让”，虽然只有23%的公司说过去三年间被要求技术转让。[1] 这个调查多年的结果也显示，70% 以上的公司担心中国政府制定的数据方面的政策。有的调查发现80%以上的公司担心这个问题[2]。但是，历年的“美中贸易全国委员会”的调查发现（如下图），已经或计划搬离中国的美国公司仍然是少数[3]。

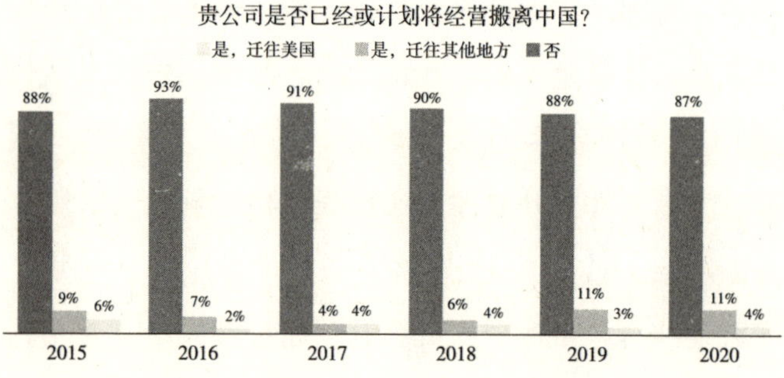

这些公司在2020年的贸易战、中美冲突加剧的

〔1〕 https：//www. uschina. org/sites/default/files/USCBC% 202015% 20China% 20Business%20Environment%20Member%20Survey_0. pdf.

〔2〕 https：//www. eastasiaforum. org/2017/05/17/is-the-united-states-offshoring-high-tech-leadership-to-china/.

〔3〕 https：//www. uschina. org/sites/default/files/uscbc_member_survey_2020_-_cn. pdf.

情况下仍然大赚其钱（如下图[1]）。

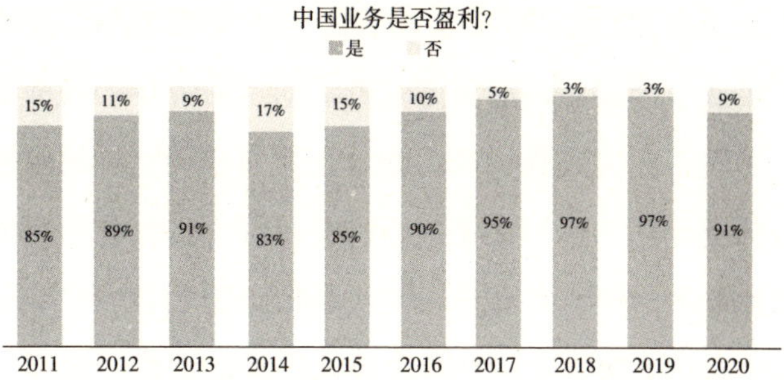

对于这些公司来说，他们担心和中国企业的技术合作会导致将来没有立足之地。为什么过去不担心呢？事实是，他们已经不再相信“美国创新的速度能够碾压中国追赶的步伐”。这些抱怨成了 301 调查和贸易战的导火索。

另一个前方

“中国威胁论”始于特朗普政府特定部门、智囊和与中国有大量接触的跨国公司。2019 年 1 月，美

〔1〕 https：//www.uschina.org/sites/default/files/uscbc_member_survey_2020_-_cn.pdf.

国国家情报局发布了一个《全球威胁评估报告》，该报告声称中国对美国的军事技术、基础设施和政府行为的网络攻击给美国带来了最大的间谍威胁。2018年年底，与美国政府关系紧密的胡佛研究中心发布了一个关于中国在美影响力的报告，其中谈到中国投资的部分，认为中国会使用跨国公司推进中国在海外政治影响的战略，并获得关键性基础设施和技术。该研究中心声称：（1）中国使用各种手段获取了有重大军事和经济意义的关键技术；（2）在经济间谍、偷窃和强制性技术转让以外，中国也通过对美国高科技行业的投资和对美国大学实验室开放性的攫取而获得技术机密。

特朗普政府的联邦调查局局长克里斯托弗·雷在2019年7月的国会听证会中提到，1000多个牵涉到美国知识产权盗窃案件的调查最终都指向中国。他声称，世界上没有其他任何国家比中国对美国的反情报机构工作、经济安全和国家安全造成更大威胁。特朗普政府发起的清洗科学家和限制学术交往的调查，令多名华人科学家蒙冤。

然而，从打击能力、影响范围、打击精度和成本控制来看，特朗普政府对中国在经济、军事、科技多方面的手段都不能跟金融制裁相比。“9·11”事件是美国人第一次感到战争的威胁抵达本土，之后，美国快速通过了《爱国者法案》，将反恐怖主义和核扩散战场的重心转向金融领域，用20年打磨了金融制裁这一“国之重器”。

金融制裁是战争的替代品

作为现代战争的替代品——金融制裁由于其灵活隐蔽、操作成本低、加上囚徒困境和网络效应，具有极其深广的破坏力。通过牢牢控制世界的经济命脉，美国的金融制裁构建了立体、精准的打击能力。

通过牢牢控制世界的经济命脉，美国的金融制裁构建了立体、精准的打击能力。

流通性强的储值货币是资本高度国际化的现代世界贸易的血脉。控制了这一血脉则可影响相关的贸易活动和经济发展。金融制裁就是将金融命脉映射在刀光剑影中，迫使对方回到谈判桌上解决问题。“9·11”事件以后，美国国会陆续通过了越拧越紧的法律，创造和释放了金融制裁的打击力，至今已积累了近20年的经验。其打击的网络协同能力已经从国家层面延伸到企业及单独个体，被打击的对象往往不具备对该复杂局面的危机评估能力和应对资源。

在国际经济相互渗透和依存的今天，伴随国际资本流动的便利性而来的，是其易被攻击的脆弱性。一个封闭的经济体受到的影响相对有限，如朝鲜。当美一个国际化并依赖国际贸易的经济体可能会受到金融制裁的致命性打击，例如严重依赖石油贸易的国家——伊朗和叙利亚。

国露出刀光的时候，朝鲜动用军事演习来傲视美国。一个国际化并依赖国际贸易的经济体可能会受到金融制裁的致命性打击，例如严重依赖石油贸易的国家——伊朗和叙利亚。叙利亚、伊朗、俄罗斯、委内瑞拉、古巴和苏丹的经济都因为美国的金融制裁和贸易禁运而受到重创。跟它们相比，中国的国际化程度高得多，全世界都感受到中国力量的经济和政治影响，中国的产能对出口也有较高的依赖度，2019 年出口占 GDP 的 18%左右。

不同的是，中国的出口并不依赖一个国家、一类产品、一种途径，因此贸易禁运对中国出口的打击是有限的。但是，切断美元供应、禁止美元结算、减少美元流动性等等，却能对中国的进出口贸易和外汇市场构成巨大的威胁，对中国在当今世界的全球化产生长远的负面影响。

对于美国利用美元的中心地位到处实施制裁的行为，前英国央行行长马克·卡尼认为，各国央行应该联合起来，创造一个像 Facebook 的 Libra 一样的国际公共货币，取代美元作为全世界的储备货币。卡尼说："美国总统特朗普在全世界范围内发起的贸易战甚至可能的货币战争将损害全球的经济增长和多边合作。与此同时，各国的央行却无能为力。近年来，经济政策的不可预期性明显上升（指的是特朗普上台以后），保护主义、负面经济冲击盛行，我们必须主动采取行动。”卡尼寄希望于央行联合的世界公共货币终结美元的霸权地位。[1] 他提出这个看似极端的建议，是在特朗普通过推特又一次向美联储主席施压、试图影响原本应该独立的货币政策之后。这位前英国央行行长文章的最终要义是——要改变游戏规则，并且不是从美元霸权的坑跳到另一个霸权的坑里去。

很明显，卡尼要的是，每个主要经济体，包括英国在内，都要在这个全球货币主导权中分一杯羹。这个梦想架构在短期内自然是无法实现的。世界上经济实力最强的两个国家之一的美国不会自挖墙脚，中国的经济在相当程度上仍然是出口型经济，人民币还没有准备好在全世界进行自由交易，如此等等，不一而足。

但是，卡尼提出的要用新型的货币来消解美元的霸权地位，其实跟有的国家发行央行数字货币的主要目的不谋而合。伊朗、俄罗斯、委内瑞拉等多个被联合国制裁的国家有强烈的动机使用央行加密币来规避

---

〔1〕 https：//www. bloomberg. com/news/articles/2019-08-23/carney-urges-libra-like-reserve-currency-to-end-dollar-dominance.

联合国制裁——其实更多的是美国的制裁，因为联合国没有有效的执行手段，而美国却有全世界最强有力的制裁执行手段。

美国借助美元的中心地位调动全球金融机构的力量来为美国的制裁和反洗钱服务，其执行力令人叹为观止。我们知道，在孟晚舟案中，将关键性信息报告给美国法院和政府的是总部设在香港、隶属于英国汇丰集团的汇丰银行。汇丰银行之所以对美国调查如此配合，一个重要原因是，它依赖与美国金融机构互为“关系银行”来完成全球贸易结算和清算业务。在传统跨境传输中，直接或间接拥有美国关系银行账户，才能在全球金融圈游刃有余。

汇丰银行之所以对美国调查如此配合，一个重要原因是，它依赖与美国金融机构互为“关系银行”来完成全球贸易结算和清算业务。

美元的中心地位

在传统跨境传输游戏中，全球的国际性银行都想拥有美国银行的关系银行账户。这一方面是因为美元在全球贸易中的中心地位。为了方便国际贸易结算，大部分交易者都希望获得美元，而这一趋势近年来在新兴市场国家中得到循环巩固。另一方面，美元相对稳定，美国通货膨胀率一直保持在很低的水平，因此各国的外汇储备中美元占了60%以上。很多国家和地区的货币仍然和美元挂钩，例如香港、新加坡、马来西亚等。国际上40%-50%的贸易是由美元来结算的，31%左右是由欧元结算的，但是欧元区的国际结算多在使用欧元的国家之间进行。如果把欧洲作为一个地区，计算地区间贸易结算，会发现美元结算占到了80%以上，而欧元结算只有6%左右[1]。

正是由于美元在国际贸易中的中心地位，失去美国金融机构的关系银行账户就意味着该银行被逐出国际贸易最大的利益圈外。这个威慑力给了美国的域外管辖法律旷世罕见的全球执行力，使得全球的大银行甘愿为美国充当金融警察的角色。因此，要想在美元系统内规避制裁并不容易。受到钳制的那些国家破局的选择大致有两种：第一，消解美元的中心地位；第二，使用美元以外的货币来结算。

受到钳制的那些国家破局的选择大致有两种：第一，消解美元的中心地位；第二，使用美元以外的货币来结算。

先看第一个。和黄金脱钩以后，美元的中心地位是建立在美元的稳定性、美国的低通胀率和国际贸易结算的“网络效应”等基础上的。还有几个关键性因素如下：

[1] SWIFT. 2015. “Worldwide Currency Usage and Trends.” Assessed July 7, 2019. *https*：*//www. swift. com/node/*19186.

·美国的科技在世界上的基础性地位鼓励他国持有美元，以便购买必需的美国产品，如芯片和电子产品底端设计要件（如高通的芯片、以美国技术为核心的 ARM 芯片架构、用于芯片设计的核心应用程序等）。

·美国是世界上最大的消费国，一国向美国出口必须用美元交易。不过，其最大消费国的位置将很快被中国取代。麦肯锡估计，到 2030 年，中国消费市场的增加值将比美国和欧洲加起来还大。

·美国金融市场的可预期性、透明性、流动性和货币政策的可信度。不过，随着美元武器化和美元超发，美元的信用呈下降趋势。

现在，美元仍然是各国央行储备最多的外币，超过总值的 60%。要消解美元的中心地位，需要找到一个替代性解决方案。

美元在全球官方储备中的占比

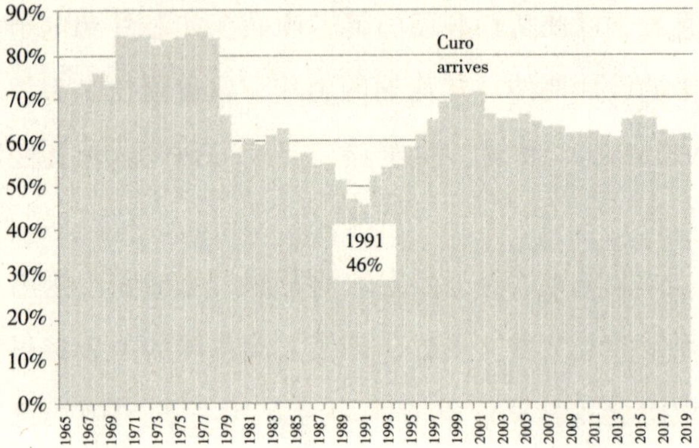

数据来源：国际货币基金组织　　WOLFSTREET.com

虽然美元在20世纪70年代、80年代初以及1991年至1993年期间有过下跌，当时也有人预测美元会崩溃，并大幅度减持美元（如上图）。同时许多国家考虑取消与美元的汇率挂钩。但是，由于没有出现能替代美元的全球货币，美元一时还不会崩溃，而是会逐渐衰落。

1999年，欧元创立的一个雄心壮志就是要取代美元成为世界中心货币。2007年，美联储前主席格林斯潘（Alan Greenspan）表示："欧元可能取代美元成为世界货币。"然而欧元区在2008年金融危机中也遭受重创，而且恢复缓慢，欧元区危机大约从2009

年持续至2012年。这场危机也促使欧盟意识到，如果它想继续其货币联盟，就必须成为实行统一的财政政策的政府联盟。然而政府决策一致性谈何容易，成员国领导人之间的关键战略差异在如何摆脱危机中凸显出来。德国总理希望采取紧缩措施，以控制债务；而法国总统则希望通过扩大借贷来刺激经济。这些分歧无疑唤起了欧元区各国对第二次世界大战中德国企图统治该大陆的记忆。2012年之后，欧元区经济发展一直停滞不前，2019年，欧洲经济站在衰退的边缘，意大利、英国和德国的经济几度呈零/负增长。2020年的新冠肺炎疫情的致命一击，将欧洲直接推下衰退的深渊。新冠危机以后，德法不得不联手，通过了赈济法案，来拯救欧洲的危机。背靠GDP总值最大的地区，欧元要取代美元成为世界货币中心的愿望，离现实越来越远。

前面已经提到过，在高度依赖出口的时候，人民币还没有决心成为世界的中心货币；而不能成为世界中心货币，人民币就不能通过“汇率优势”来促进出口；另外，人民币境外外汇市场交易还有待放开，这意味着手持人民币将无法和其他币种自由汇兑，对持币人来说选择非常有限。而且，中国的金融政策还需进一步透明开放，从而让全世界对人民币的货币政策有一个稳定的预期，并最终建立信任。

因此，在传统货币秩序中，真正有实力挑战美元中心地位的货币还没有发展成熟。

基于 SWIFT 的中心化和分布式监控

再来看第二条——使用美元以外的货币结算。受美国制裁钳制的国家为了完成关键性贸易结算，就得避开美元而使用其他货币。但是这条路看上去并不那么简单。当我们说到美元以外的货币结算时，基于 SWIFT 数据的监督功能就体现出来了。SWIFT 是一个由银行、证券公司、投资经理人等金融界主体共同拥有的信息传输系统，总部在比利时，为 200 个国家的 1.1 万个金融机构提供安全和标准化的信息传输。现在国际上大部分的跨境货币传输都由 SWIFT 作为“中间人”传递信息[1]。与其他信息传输系统相比，SWIFT 的优势在于不同国家、不同货币系统之间的传输。这些跨系统的资金传输，需要一个有公信力的权

〔1〕 SWIFT 的替代品如跨境银行同业支付系统（CIPS）尚未成功挑战 SWIFT 的中心地位。

威性中间机构提供各个“利益冲突方”都认可的信息、放款指令和记账。例如，上海浦东银行向丹麦银行发送了 100 万美元，经过多层转账，谁的钱（Credit）走向何处，在什么时间范围内到达何处，中间费用扣发的数量，都要求一个跟这些当事者银行没有“直接”利益冲突的第三方来主持和记录。这要求这个信息系统在不同传输轨道之间具有高效的互操作性（interoperability）。SWIFT 一直做得比较好，占据着权威地位。

SWIFT 并不包括所有跨境传输，人民币的跨境传输可用跨境银行同业支付系统 CIPS，欧元在欧元区不同国家间的传输可用 SEPA，都不需要经过 SWIFT。但是，世界上大部分的跨境传输，尤其是 B to B（企业与企业之间的商务模式）的传输，背后的信息传递工具基本上都是 SWIFT。一个国际电汇发起以后，作为有公信力的“中间人”，SWIFT 会在网络中寻找哪些“关系银行”会构成“最优转账路径”，并分享此信息，资金通过选定的有关系银行协议的银行间进行层层转账，最后转到目标银行账下。发起行的关系银行越少，可供选择的路径就越少；如果没有和国际性大银行直接建立关系银行账户，一笔电汇需要经过的中间银行就多了，而每个中间银行都要收取费用，因此耗时长、费用多。

这个老掉牙的办法运行了几十年，如此低效，跟金融科技发展的水平很不相称。更值得一提的是，这个过程意味着：国际性大银行作为国际汇兑中的中心连接点，是“结构洞”，是必经的关键路径，它们可以毫不费力地“剪羊毛”。中国银行、汇丰银行、花旗银行、摩根大通、美国银行都是主要的受益者。

作为制裁和反洗钱操作中的一个技术环节，基于SWIFT数据的“中心化”“分布式”监督和美元在国际贸易中的支配地位结合，构成了美国制裁实施的强大效力。因此，“绕过SWIFT便能消除美元霸权”的说法是毫无根据的。

基于SWIFT数据的“中心化”“分布式”监督和美元在国际贸易中的支配地位结合，构成了美国制裁实施的强大效力。

然而，SWIFT在信息传输中的“中心地位”大大方便了国际制裁和反洗钱监控。“9·11”事件以后，SWIFT为配合联合国和美欧等国反恐和制裁实施，曾提供过多种货币的跨境传输数据，方便执法者看到“资金流动地图”。2006年，《纽约时报》曝光了SWIFT为美国政府运作一个机密的监控体系、为其收集资金传输数据，质疑其违反了欧洲和美国的银行数据隐私保护法。美国财政部和司法部的律师们则认为此举没有违反任何法律，并有很多人谴责媒体为了追求曝光率损害美国国家安全。后来经过美国、欧盟等多方审查，认定 SWIFT 在被美国政府根据 IEEPA（《国际紧急经济权力法》）和联合国有关条款传唤而提供数据时，合法地遵守了欧洲和美国的数据保护法[1]。

这里需要注意的是，SWIFT 掌握的资金流动图虽然不是全部，但也将跨境传输的大部分数据收入囊中。虽然人民币通过 CIPS（跨境银行同业支付系统）的跨境流动、欧元通过 SEPA 在成员国之间的流动等不在此列，但是 SWIFT 仍然掌握着世界主要的跨境资金流动信息。2015 年 CIPS 只有 19 个银行参与，CIPS 在“关系银行转账”这个传统框架下运行，还要依赖 CIPS 与 SWIFT 的“接口”才能在世界上大多数银行之间传递信息。SEPA 的成员国也只有 28 个。

作为一个西方价值主导的机构，SWIFT 拥有大多数国际转账记录，自然成为执行国际制裁和反洗钱最直接有效的机构。

而作为一个西方价值主导的机构，SWIFT 拥有大多数国际转账记录，自然成为执行国际制裁和反洗钱最直接有效的机构。

与伊朗或委内瑞拉进行违反联合国制裁的石油贸易结账，无论是使用人民币还是欧元，虽然所需的关

〔1〕 何为、罗勇：《你所不知的金融探头：全球金融机构与美国的金融制裁和反洗钱》，北京：社会科学文献出版社，2019 年 11 月版。

系银行中不一定牵涉美国银行，但该交易大概率会永久性地保存在 SWIFT 的数据库里，成为定时炸弹。在制裁合规的执行上，SWIFT 干脆利落，因为它可以直接将违反相关制裁的银行除名，切断该银行各种货币资金的主要国际传输信息通道。

SWIFT 声称，由于该组织根据比利时法律注册成立，因此必须遵守其母国政府、欧盟以及联合国相关制裁法律。例如，2012 年 3 月，根据加强对伊朗的金融制裁的国际多边行动，欧盟通过了法规 267/2012[1]——该法规禁止 SWIFT 向欧盟制裁的伊朗银行提供服务，SWIFT 立即将多个伊朗银行除名。

然而，2018 年，美国单方面退出伊朗核协议，在欧盟“强烈反对”并推出反美制裁的“封锁规定”之后，美国对 SWIFT 施加压力，之后 SWIFT 切断了与伊朗中央银行的信息来往。美国财长姆努钦声称，此举是“保护国际金融体系原则性的正确决定”。

SWIFT 也表示：“作为全球性和中立性的服务商，为了履行和支持全球金融系统的弹性和原则性的使命，SWIFT 暂停了某些伊朗银行对信息系统的访

---

〔1〕 https：//eur－lex. europa. eu/LexUriServ/LexUriServ. do? uri = OJ：L：2012：088：0001：0112：EN：PDF.

问。[1]”

到底谁是老板？

SWIFT 有一个“法定”的程序来检验成员是否合格、是否适合继续待在群里。这个程序的最终决策者是其董事会。鉴于美国金融机构在国际金融中的主导地位，其董事会决定很难说不受到美国影响。并且，尽管美国无法直接强迫 SWIFT 切断伊朗银行的业务，但美国财长姆努钦以“SWIFT 跟其他的金融机构没有两样（意指也要遵守美国制裁，否则后果严重）”进行施压，意图对包括 SWIFT 在内的、拒绝遵守最新制裁措施的公司进行处罚。

SWIFT 在执行这拨欧盟反对的美国制裁时，欧洲的国际性银行都是被夹在中间的。然而，它们无一例外地选择了执行美国对伊朗的制裁，而无视欧盟发布的封锁条例。欧洲的大银行仍然不敢为伊朗的石油贸易做任何货币方式的结算——哪怕是完全不涉及美国的“关系银行”用“欧元”结算，与伊朗结算不在欧元跨境结算框架下，而 SEPA 显然不欢迎伊朗，因此还是需要依靠 SWIFT 完成货币传输的信息和指令传递。

〔1〕 https：//www. rt. com/business/443315-swift-iran-us-sanctions/.

作为应对措施，欧盟几经周折要建立一个支付系统，叫INSTEX，来支付与伊朗的石油贸易，以解决国内用油的燃眉之急，但却迟迟没有落地。

2014年，欧洲议会敦促参与国家考虑将俄罗斯主要银行排斥在SWIFT网络之外，俄罗斯VTB银行认为这相当于“宣战”：“如果俄罗斯银行被SWIFT排除在外，这就意味着外交关系的结束。美国大使馆就应该马上搬离莫斯科。”俄罗斯总理更进一步威胁：“俄罗斯的报复将会是无止境的（被广泛解释为切断欧洲的石油供应）。”最终，“驱逐俄罗斯银行”的想法没有落实。

从监督质量来说，SWIFT提供的中心化数据也并不总是可靠的。

其致命缺点是——SWIFT接收的信息受制于货币传输“发起行”的信息真实度。发起行篡改客户信息、规避制裁和反洗钱的例子数不胜数。比如，美国历史上曾经给法国的巴黎银行开出89亿美元的天价制裁罚单。据美国法庭文件称，巴黎银行故意抹去客户信息中可能被金融机构的制裁监控系统识别的标志性信息，掩盖作案痕迹，在调查时不予合作，因而导致了刑事认罪和巨额罚单。另外，在俄罗斯的“Troika Laundromat”洗钱案中，Troika投行盗用了从爱沙尼亚来莫斯科打工的移民工人的身份，用伪造的护照开户并创建了几十个离岸公司，然后通过伪造的国际贸易层层转账，最终将46亿美元的可疑资金转移到西方。银行参与周密造假行为，使得案情很难被发现。“透明国际”组织的 Patricia Moreira 就此评论：

“我们又一次见证了，在欧洲，洗白从腐败、逃税和犯罪得来的钱有多容易。只需要有一个离岸公司和一个愿意合作的银行[1]。”

这种情况下，基于 SWIFT 信息的“分布式”监控就非常重要——SWIFT 收集信息并发到各个银行，让牵涉到同一个传输的银行获得客户信息。随着各个大银行监控识别能力逐年加强，过去不易被发现的违法交易后来也被发现了。各个银行的监控受到同业监督的牵制，这是一个囚徒困境——银行 A 发现可疑交易不报，B 上报，则对 A 不利。最近一个因其他银行举报而被罚巨款的例子是法国兴业银行。另一个例子是丹麦银行爱沙尼亚分行洗钱案。爱沙尼亚曾经是苏联的一个加盟共和国。该分行是2007年丹麦银行收购的。在此后的8年间，2300亿美元价值的俄罗斯

〔1〕 Transparency. 2019. “Troika Laundromat a Different Kind of Financial Crisis.” Assessed July 7, 2019. https: //www. transparency. org/news/feature/troika_laundromat_a_different_kind_of_financial_crisis（Transparency, 2019）.

资金在这家小银行被非法腾挪到欧美国家。令人震惊的是，这家银行每年卷入洗钱案的资金竟然大于爱沙尼亚整个国家的 GDP。涉案的账户都是非居民账户，很多是注册在英国的空壳公司，当时英国法律允许公司注册时不提供受益拥有者（Beneficiary Ownership）信息，因此成为空壳公司的好去处。爱沙尼亚分行在 2011 年作为只占丹麦银行资产 0.5%的分行，贡献了整个丹麦银行 11%的利润。然而这些惊人的事实没有受到任何重视，直到 2013 年美国的摩根大通银行发现爱沙尼亚分行的洗钱风险，切断了和爱沙尼亚分行的资金往来。

可见，基于 SWIFT 信息的“中心化”和“分布式”监督，为国际制裁尤其是美国制裁布下了天罗地网。十分明显，SWIFT 是建立在西方价值观基础的，自然也受其直接影响。

不难理解，现在很多数字货币试图运用区块链技术实现国际结算的目的，就是要打破关系银行转账的框架，越过 SWIFT。分布式账本技术，能解决“数据主权”被 SWIFT 独揽的问题，让每一个参与主体在权力、责任及身份上更加平等。以区块链为基础的解决方案现在的目标是要取代基于“层层转账”、依赖“中心机构”作信息传输的“传统”跨境传输方式。

现在很多数字货币试图运用区块链技术实现国际结算的目的，就是要打破关系银行转账的框架，越过 SWIFT。

“制裁监控”和“反洗钱监控”将从巨头如SWIFT的中心化监控演变为多机构、多渠道、多国、多方控制的，既各自为政又能联合的多网络监控。

这是一个打破垄断的方向——抓住一个机构的数据就能看到全世界大部分跨境资金“流动图”的时代要慢慢远去了。

2019年，委内瑞拉政府为了躲避美国制裁，在俄罗斯的大力帮助下，发行了一个建立在区块链上的、以石油储备为背书的加密币。这是在本币Bolivar（玻利瓦尔）崩溃、通货膨胀、国民经济全面衰退之际，委内瑞拉这个世界上石油储量大国想出的一个奇招，这个央行加密币叫做Petrodollar，简称Petro。跟传统货币不同，Petro可以在世界上任何地方获得、交易和流动，就像比特币一样，跟SWIFT完全说“再见”。2018年Petro在全球获得50亿美元的融资[1]。在世界上任何地方，例如中国的贵州，只要你下载一个像微信钱包一样的移动终端，就可以在全世界使用Petro。对此，美国特朗普政府专门颁布了一个行政令，禁止任何跟美国有关的人或实体接受和

〔1〕 https：//cointelegraph. com/news/petro-stable-coin-for-crypto-economy-or-illegal-oil-futures.

使用Petro[1]。不仅如此，为了阻挡这一趋势，美国19个联邦参议员，包括马克·卢比奥，提出一项法案，要通过永久性立法来杜绝此类加密币规避制裁的行为。如果这项法案成为法律，将使Petro成为美国历史上第一个被禁止的加密币（美国并没有禁止比特币），而且将让以后禁止其他加密币的流程变得容易。

迄今为止，委内瑞拉的石油币作为挣脱美国制裁束缚的一大试验，因缺乏广泛支持，以及背后资产信用等问题而没有取得成功。

事实上，除了消解美元霸权、规避美国的制裁这些重要目标，各国政府和民间团体有很多动力要推出加密币。现在，许多国家都在积极研发以区块链为基础的央行数字货币。不光单个的国家在竞相推出央行数字货币，国际组织也在致力于研究“不同国家数字货币”如何在区块链上汇兑和结算。2019年10月，国际结算银行（Bank of International Settlement）宣布在瑞士、新加坡和香港这些区块链创业很活跃的地方建立一个中心，致力于研究各国央行发行的数字货币

[1] https：//www.forbes.com/sites/michaeldelcastillo/2019/09/14/trump - executive - order - banning - a - cryptocurrency - could - mutate - into - far - reaching - law/#4b140bbc55d2.

在区块链上的“整合”和“传输”[1]。

这些都是为将来的大势做准备——如果民间加密币成了气候，如果各国央行都采用数字货币，那么国际货币结算乃至国际金融领域将会迎来一场革命。

〔1〕 https：//www. bis. org/press/p191008. htm.

第一章

未来大势

新货币领地争夺尘嚣日上

现在从 Facebook 说起。

2018 年，Facebook 的创始人扎克伯格说服 28 个公司和团体，包括国际支付界领军机构 VISA、MASTERCARD、PAPAL、EBAY 和欧洲的多个组织加入 Libra 联盟，拟发行一种世界性货币——Libra ，并承诺，每一个 Libra 的后面都有定值的美元（50%）、欧元（18%）、日元（14%）、英镑（11%）和新加坡币（7%）作为储备为之背书。

Facebook 用一篮子货币为背书发币的设想，跟国际货币基金组织的特别提款权（SDR，Special Drawing Rights）很相似，后者也有一篮子货币背书，包括人民币。

作为一个从未涉足金融行业的私营社交网络公司，Facebook 领衔的联盟具有什么底气，能够提出如此宏大的设想？这曾是国家联合组织才有号召力提出的动议，为什么一个私营公司敢于充当这样的角色？

这得益于区块链技术构建的“共识性”机制带来的“去中心”“去权威”的效果。Libra 联盟计划使用一种联盟型的区块链，跟 VISA、MASTERCARD、PAPAL 这些在数字银行领域已被广为接受的领军公司联合，使用联盟成员的共识机制来建立合法性，解决信任问题。Facebook 曾经泄漏 8000 万用户的隐私，对此，扎克伯格声称，“你们可以不相信我，但是你们应该相信其他的创始成员，你们一直用他们的产品。”

这其实是在告诉世界——技术发展到今天，也许人们已经不再需要将信用托付给一个正式的多国政府组织，才能信任一个全球性货币。一个私营组织完全可以通过“共识性”机制来满足全球化在金融支付方面的需求，让政府（或政府联合组织）从主导的位置上让位，退居到监督和提供便利的角色中去。

Libra 类属于“稳定币”，跟比特币等背后没有实际资产或官方货币背书的加密币不同，Libra 锚定一系列处于全球货币圈“中心”和“次中心”层级的货币，实现相对稳定币值，在计价和作为交换媒介的功能中有良好的性能。简言之，稳定币是以区块链实现信任和便捷传输，同时背后又有稳定资产背书的加密币。Libra 不是第一个稳定币——USDT（泰达币，

简言之，稳定币是以区块链实现信任和便捷传输，同时背后又有稳定资产背书的加密币。

Tether 公司推出的以美元资产为背书的稳定币）、GUSD（Gemini dollar，Wlnklevoss 兄弟公司推出的美元支持的稳定币）、PAX（Paxos Standard，Paxos 公司推出的美元支持的稳定币）这些稳定币早就存在了。稳定币的潜力是很可观的。在 2020 年美股四次熔断之际，投资者惊慌失措地将热钱从比特币这些没有"锚定"实质资产的加密币中脱身，转而追捧各种稳定币。其中，以美元背书的 USDT 溢价 8%—10%，加之在不断增发的情况下依然溢价，其总市值大涨，一跃成为仅次于比特币、以太坊和 Ripple 币的第四大加密币。2020 年 9 月，USDT 打败 Ripple 币，晋升三甲。[1]

Facebook 的巨大优势在于网络受众。Facebook 在全球有 27 亿用户，超过全球人口的三分之一。虽然国际货币基金组织在积极探讨如何使用区块链技术来推动特别提款权（SDR）的发展，但很多人对其替代美元的前景很悲观。

国际货币基金组织首席经济学家 Gopinath 说："美元在国际贸易中的地位在于美元有长期的安全性和稳定性，而后就是网络效应。用美元结算的国际贸

〔1〕 https：//coinmarketcap. com/.

易结算是美国境内贸易结算的5倍。使用美元成为一种惯性，越多的人使用，就会催生更多的人使用，新兴市场对美元的依赖更是加强了美元的地位。”[1]

我们可以回忆一下，当初有很多人抗拒使用微信钱包，后来发现周围的人都在用，任何一方不用会导致生活不方便，结果就是大家都用。和微信相似的Facebook就具有此种网络优势。这是国际货币基金组织所没有的。

总的说来，Libra听起来像是一个很好的主意：

第一，用区块链的共识机制解决“信任”问题；这是多方验证、防篡改的技术机制赋予的，可以替代权威的力量。2009年，一个自称“中本聪”的人发帖说：

“传统货币的问题根源在于，我们的信任是货币发挥作用的先决条件；我们相信央行不会让货币贬值；然而，法币的历史却充满了对此信任的重复践踏。”

“银行持有我们的资产完全是因为我们的信任……然而，银行却以信贷泡沫的形式发放贷款，而

〔1〕 https://www.pymnts.com/cryptocurrency/2020/imf-chief-economist-crypto-wont-supersede-the-dollar/.

且准备金几乎为零（不负责任地将我们的资金置于风险之中）。”

事实上，除了不负责任导致的死账坏账，银行服务问题也很多。当我们拥有的货币财产只是一串数字，在转账信息交流延迟间，货币被“重复使用”或“重复化账”都是完全可能的。电子银行账上的数目随时可能被删掉、篡改或无意弄错，只是作为财富的主人——我们却无能为力，因为我们已经把管理权限交托给了央行这样的庞然大物。

2017 年，美国的富国银行（Wells Fargo）（美国储蓄额排名第三的大银行）在未经自己客户授权的前提下，伪造了 350 万虚假账户，包括信用卡以及其他联结付账功能的账户。这些账户让顾客蒙受了损失（有的账户有年费，有的顾客在不明就里的情况下使用而欠费）。富国银行在支付了 1.85 亿美元的罚金后，和监管机构达成和解。

而使用 Facebook 的联盟链，让联盟的几个主体之间掌握、验证和分享数据和结果，使用联盟成员的共识机制来建立“合法性”，解决了信任问题。

第二，用中心货币，尤其是 50%的美元储备来背书，一方面减少“稳定性”问题，另一方面维护美元的支配性地位。现在美元在国际贸易结算中所占的份额已经下跌到44%。如果Libra在世界范围内成功，将有利于维持美元50%以上的占有量。

第三，网络效应与生俱来。摩根大通的CEO Jamie Dimon说："这是个完美的想法，但是永远不会实现。"

2019年，Facebook首席执行官扎克伯格出席美国国会听证是一个转折。Libra的计划出来以后，美国众议院财政委员会主席发誓说，要对Libra进行侵入性调查。

扎克伯格在国会听证会上的开场白中慷慨陈词："Facebook最大的雄心是要为世界上没有银行账户的弱势群体提供支付和汇兑。"这包括那些在发展中国家被国际上大的金融机构遗弃的人。例如，非洲撒哈拉以南地区有3.5亿人没有银行账户，加勒比海沿岸、中亚和欧洲的小国，例如圭亚那、海地、牙买加、伯利兹、特立尼达和多巴哥等国因缺乏国际性大银行导致他们与世界脱轨。全球范围内，17亿人目前缺乏银行服务，还有10亿人银行服务不足。

这个开场白中的问题很大。没有银行账户的群体，导致的原因是多种多样的。很多情况下，并非国际性银行从未涉足这些地区，而是这些地区有很多不易监管的离岸金融机构；有的地区的法律框架使之成为洗钱者的天堂（Safe Haven），有较多特殊的高风险服务种类，顾客群中高风险者比重较大。因此，国际性银行从这些地方撤出，一个重要原因是因为团伙犯罪严重、“洗钱”和“被制裁”嫌疑的个人和实体集中。为达到联合国和各国金融制裁、反洗钱、反逃税、反腐败的合规要求，全球的金融机构需要对高风险地区的代理银行进行加强性尽职调查。同时，各国错综复杂的法规中存在极大的不明确性，对金融机构提出了很大的挑战。其中，美国的制裁和反洗钱监控的要求非常高，惩戒措施十分严厉。在计算潜在罚款、需要付出的监控成本以后，很多国际性银行选择放弃这些高风险地区的交易机会以求自保。

既然 Libra 联盟要为这些地区的人提供服务，那么亟须解决的问题是——如何控制洗钱和违反制裁法律的行为？对于传统银行来说，这是一个已经发展成熟的系统。一个典型的大银行每年大概要花 6 亿多美元在控制洗钱和反逃税等违法行为上，雇佣大量员工，设置复杂的机构，且已经过美国财政部三番五次的严格测试，在多次失败和巨额罚款之后，才逐渐形成有效的体系。

拿一个最基本的步骤——“客户尽职调查”来说，Facebook 如何在全世界各个地方，尤其是犯罪率高的地方，真正了解每一个客户的身份、背景、生意性质？如果不了解，如何识别其资金流动是否符合客户填报的生意性质？Facebook 是 Libra 钱包的唯一管理者，类似“客户尽职调查”的职责自然应该落在 Facebook 头上。而扎克伯格完全无法回答这样的问题，甚至尚不清楚水到底有多深。

而且，对美国政府来说，一个大问题是——如果 Facebook 搞不清楚“客户尽职调查”，那么它如何配合美国政府以及联合国等机构执行制裁？

因此，国会听证的结果是，政府认为 Facebook 组建 Libra 联盟的目的是逃避美国法律法规的管辖，在全世界建立有利可图的支付业巨头。在 Facebook 解决这个问题之前，Libra 无法发行，而其他国际支付公司，包括 VISA、MASTERCAR、PAPAL 发现 Facebook 没有完全准备好之后，也陆续退出了这个联盟。现在 Libra 联盟成员里面已经不再有任何美国的国际支付巨头。

反洗钱、反逃税、反腐败是非常正当的理由，以此名义来扼杀一个非政府背书的国际货币组织估计也是最为方便的。当然 Libra 的发展受阻，背后的原因还有很多。拥有巨大的储备是会赋予一个非中央银行的机构制造金融海啸的能力，一旦风险控制失败，就

拥有巨大的储备是会赋予一个非中央银行的机构制造金融海啸的能力，一旦风险控制失败，就可能会引爆全球货币市场风险。

可能会引爆全球货币市场风险。Facebook 是否有能力预测、监控和控制这些风险，并通过各国政府严格的风险控制合规检验？虽然这不是没有可能，但路似乎还很长。美联储董事会成员 Lael Brainard[1] 担心，如果用户大规模地迁移到稳定币 Libra 上去，这将削弱国家中央银行在调控宏观经济时运用货币政策的效力。这也是各国央行所担心的。

Libra 的发展不光在美国受阻，在欧洲国家也多被拒绝。法国财政部长 Bruno Le Maire 直接表示不信任："Libra 属于私有性质，又具有滥用其储备的力量，将会威胁主权独立和消费者福祉。"[2]

说到底，对 Libra 不满，欧元区还有一个不需明说的理由——这就是，Libra 的国际货币储备中，只给欧元安排了 18%。Libra 不成气候也就罢了，如果 Libra 真的有一天成长为全球性货币，覆盖大部分国际贸易支付，那就意味着其背后的储备货币会按照其背书比例占据国际贸易支付的份额。近年来，世界贸易中 52%以上的国家间贸易由美元结算，31%左右由欧元结算；但是欧元区的国际结算多在使用欧元的国

〔1〕 https：//www. federalreserve. gov/newsevents/speech/brainard20191218a. htm.

〔2〕 https：//gizmodo. com/france-vows-to-block-facebooks-libra-currency-in-europe-1838062328.

家之间进行[1]。Facebook 在欧洲有 3 亿用户，完全可能挑战欧元的地位，其结果就是大大削弱欧元的力量。这背后的政治问题，是欧洲不愿意面对的。

2020 年 4 月，Libra 更新了白皮书，最重大的改变是增加了所支持稳定币的种类，计划推出由单个主权货币背书的稳定币，如美元背书的稳定币、欧元背书的稳定币。这就大大增加了 Libra 的成活率：

2020 年 4 月，Libra 更新了白皮书，最重大的改变是增加了所支持稳定币的种类，计划推出由单个主权货币背书的稳定币。

· Libra 的一揽子货币设想要按照一个事先预定的比例来分配各种法币的份额。谁给 Libra 这个权威？这个比例不管怎么分配都不会令人满意。由单一法币背书，多币运行，让市场来决定在支付平台上美元和欧元的数量，就把 Libra 从一个毫无权威的尴尬决断者处境中解放出来。

· 单一法币背书的稳定币在各国内部使用时具有优势，可以先从单一国家和地区生根，然后推广。一揽子法币背书的稳定币在跨境传输上有优势，二者可以互补。

· 一揽子法币背书的稳定币牵涉到各国的加密币监管——错综复杂甚至相互矛盾，要在全球范围做到

[1] SWIFT. 2015. "Worldwide Currency Usage and Trends." Assessed July 7, 2019. *https*：*//www. swift. com/node/*19186.

合规，道阻且长。锚定单一法币的稳定币所需的合规则相对单一，各个击破，比一来就吃个大胖子远具可行性。另外，一揽子货币背书的结构此前已经被监管者认为属于“证券”，除了按照货币来监管，还要按照相关证券法律来监督管理，这就使合规看起来比登天还难。

总之，Libra 这次降维处理，旨在将监管合规难度大大降低。

目前 Libra 模式仍然在探索之中，共识性金融虽能解决金融制度背后最大的“信任”问题，但还尚未配足在技术层面上控制和抵御金融风险和合规风险的能力。这一点上，国际货币基金组织或有优势。退一步说，共识性机制为世界金融的未来提供了一个有巨大潜力的全新选择，至少现在民间组织与国家间组织站在了同一个竞技台上，即使现在还处于发展初期，但其演变和成熟将为人类带来的自由和便利还是令人期待的。

Libra 作为一个民间稳定币，拥有雄心勃勃、宏图伟业的梦想，然而至今尚未落地。目前，世界范围内已经落地并使用了几年的稳定币中，最为成功的是前面提到的 USDT。

2019 年 9 月，Tether 公司宣布了一种与人民币挂钩的新型稳定硬币，与离岸人民币挂钩，被称为“CNHT”。在9月9日的公告中，该公司表示：

“我们很高兴宣布，在我们的一揽子支持货币中增加离岸人民币（CNH），并推出新的稳定币CNHT。CNHT代表Tether在促进传统货币美元（USDT）和欧元（EURT）数字化之后的进一步扩展。”[1]

无论成功与否，Facebook的Libra、比特币、以太坊、USDT以及其他建立在区块链技术上的加密币，包括各国竞相推出的央行数字货币，都有重要的时代意义——推动全球金融系统从“美元本位”到“共识本位”转变，从“中心化”到“平行化”转变。

---

〔1〕 https：//www.asiacryptotoday.com/tether-officially-launches-rmb-pegged-cnht.

挑战美元本位、传统跨境传输范式和主权货币

建立在区块链技术上的加密币，以及无国界跨境传输，主要挑战了货币世界的三大权威：

· 美元本位

· 传统跨境传输范式

· 主权货币

美元的垄断地位

从 1943 年布雷顿森林体系建立到 1971 年间，参与国都将其主权背书的法币与美元挂钩——每单位法币的背后有固定数额的美元外汇储备作支撑，而美元的背后是黄金，直至 1971 年尼克松政府废除了美元发行的黄金“枷锁”。布雷顿森林体系瓦解以后，全球金融体系仍然就着惯性，以美元为“中心”继

续向前滑行。美元从此真正成为世界金融系统的“本位”性储币，背后是对美国政府及其财政收入的“信任”，而非黄金。从某种意义上来说，美联储扮演了世界央行的角色，也因此获取了特殊的权力。

借此特殊权力，以及在技术领域的基础性地位和全世界最大的消费市场，美国熟稔地实施金融制裁，实现了对世界上大量经济行为的实质性管制。世界金融市场的一体化在带来便利的同时，也使得金融风险可随时相互传染和转嫁，而占据支配性地位的美元，在转嫁风险上有天然优势。2008 年的金融危机，导致全球金融系统性风险蔓延，让各国付出了巨大代价。2020 年，新冠肺炎疫情暴发，美元超发，加上全球化的转向、最大贸易体之间脱钩的风险，全球对美元这个中心货币的信任也在逐渐丧失。

而传统跨境传输范式——通过关系银行层层转账，依赖 SWIFT 这样的权威第三方保持通信和纪录，是执行制裁监控的一个关键渠道。该范式除了被“武器化”以外，还极其低效。IBM 副总裁 Jesse Lund 说：“现代金融科技发展到今天，最荒谬的是，如果你把一万美元塞进 Fedex 寄到另一个国家，要比通过国际银行转账系统高效。这说明我们的国际传输体系有多落后。”

位于传统国际传输的“结构洞”环节的国际大银行如摩根大通、花旗银行、汇丰银行，以及银行间信息传送系统SWIFT，在区块链带来的颠覆性力量来临之前，仍然把持着在国际贸易和货币传输中“剪羊毛”的位置。

人民将信任交给政府，在享受政府所保障的安全性和便利性的同时，也让渡了自由和权利。

在一个国家内部，主权货币的价值取决于政府代理人央行，在此制度下，人民将信任交给政府，在享受政府所保障的安全性和便利性的同时，也让渡了自由和权利——跨境资金流动受到管制、承受通胀的恶果和系统性金融风险以及国际货币被“武器化”的风险。同时，我们的财务还必须承担银行篡改和犯错的风险。

总的说来，全世界以美元为中心，各国以政府主权货币为中心，国际传输不得不依赖可信任的“第三方”，实际上都意味着不同程度的垄断。为打破这些垄断，各路英豪提出了很多解决方式。

破局

比特币创始人中本聪提出的以比特币为代表的加

密币的“梦想”，旨在从金融层面推动“去中心化”和货币“主权回归”于民。以 Facebook 的 Libra 和 Tether 的 USDT 为代表的稳定币的异军突起意味着，民间力量借助区块链技术赋予的“信任”，有可能实现国家政府及其联合组织（如国际货币基金组织）难以突破的目标。以 Ripple 和 Stellar 为代表的跨境传输创新，则大范围地冲击着民族国家的边界。利用加密币背后的技术对美元中心地位和传统跨境传输的挑战，几乎是美国以外所有国家尤其是新兴市场国家如金砖五国的战略之一。

同时，民间加密币对主权货币的挑战，也是对现代国家政府的挑战——在主权国家不予干涉的情况下，私营的“共识”本位货币有潜力将货币的主权回归于民，在金融领域夺回自主权以后，社会分层和政治组织形式将会改变，传统的国家治理模式将被解构和颠覆。因为有潜力抓住金融命脉，就有潜力挑战国家政权。

有潜力抓住金融命脉，就有潜力挑战国家政权。

现在，以 Libra 为代表的稳定币初现端倪，在还未形成多大气候的时候，各国央行已经在争分夺秒，试图通过发行主权货币的数字代币，提高本币的全球通用性和便捷性，来捍卫主权货币。

在 Libra 的发行计划公之于世之后，法国财长勒梅尔不光认为Libra威胁欧洲国家主权，还认为欧元区应该立即研制发行欧元的数字货币[1]。2019年，美国联邦众议员French Hill和Bill Foster给美联储主席鲍威尔写了一封公开信，要求考虑开发美元的数字货币，前美国商品期货交易委员会主席J. Christopher Giancarlo也在呼吁发行美元的数字形式，以维持美元在全世界的客户。2019年10月，费城的联储主席Patrick Harker认为，美元的数字化是不可避免的，但是美国最好不要是第一个发行数字货币的国家，因为央行数字货币有诸多风险[2]。现在美联储走的路子，是在原有框架下，使用创新支付来提高服务的便捷性。2019年，美联储宣布推出40多年来首项新支付服务FedNow，以实现实时支付。作为消费者和企业直接对接的付款平台，FedNow一年365天、一周7天、每天24小时全天候接收付款[3]。该计划旨在为快速支付服务中的新私营部门提供一个中立的支付平台。除FedNow之外，美联储还在探索，如何增强自动清算中心（ACH）当日结算的功能，以及扩展美

〔1〕 https：//gizmodo. com/france-vows-to-block-facebooks-libra-currency-in-europe-1838062328.

〔2〕 https：//www. reuters. com/article/us-usa-fed-harker-digital/feds-harker-digital-central-bank-currency-inevitable-idUSKBN1WH1L4.

〔3〕 https：//www. frbservices. org/financial-services/fednow/index. html.

联储转移大额付款系统（Fedwire）资金服务和国家结算系统的营业时间。为控制平台上有可能出现的洗钱、逃税等行为，美联储正在与业界合作，通过加深对“虚假身份欺诈”，以及各种欺诈类别的认识，来改善信息共享，提高支付系统的安全性。

截至2020年3月，已有中国、英国、瑞典、俄罗斯、伊朗等多国央行或已发行基于区块链技术的数字货币，或正准备发行数字货币。有研究发现，2019年80%的央行正介入数字化货币的工作，而2018年这个数字是70%，2017年则是65%。[1] 欧元区也正在集中精力开发泛欧即时支付系统。

Facebook的马克·扎克伯格在国会听证会上说：“如果我们不能推出Libra，中国就会（推出类似货币）”。

他说对了。

中国政府在央行数字货币上领先一步。2020年4月15日，中国央行的数字货币已经在农业银行开始内部测试，包括资产汇兑、钱包管理、货币交易记录查询和钱包挂靠等功能，其中钱包转账不需要总是牵

---

〔1〕 https：//www. finextra. com/blogposting/18450/central-bank-digital-currencies-towards-a-global-approach.

涉银行。

2020年10月，深圳市政府联合中国人民银行启动“礼享罗湖数字人民币红包”活动，面向在深个人发放1000万元“礼享罗湖数字人民币红包”，每个红包金额为200元，红包数量共计5万个。

中国人民银行发明的专利中有一项能实现数字货币的离线支付，[1] 不需要互联网，而是通过蓝牙、红外线等方式交换数据，两个手机一碰，即可实现实时转账。但这种离线转账并非匿名，因此便于监管机构事后追责。

据《财经》报道，央行数字货币目前的试点机构包括工、农、中、建四大国有商业银行和移动、电信、联通三大运营商，试点场景包括交通、教育、医疗、消费等。有的分析师认为，央行数字货币的产业链上还将有智能合约等功能，采取的是“中央银行—商业银行”双层运营体系，沿用了现行的纸币发行流通模式，即：（1）中央银行将数字货币发行至商业银行；（2）商业银行向公众提供数字货币存取等服务。[2]

---

〔1〕 https：//patentimages. storage. googleapis. com/71/91/2f/f975757edda9b9/CN107230079A. pdf.

〔2〕 https：//mp. weixin. qq. com/s/TcCEfsNgRpIsYBGPGaY0Jg.

双层管理模式是否和央行直接管理并存，外界仍在猜测之中。但是不管采用哪一种模式和设计，央行的知情能力都将显著提升，银行系统对用户的资金使用情况将具有端对端追踪能力。这将大大方便人民币在全球范围内的“中心化管理”和跨境传输。

包括中国在内的各国央行数字货币的兴起，代表了各民族国家捍卫主权货币、同时消解“中心化”货币——美元霸权的趋势。稳定币的兴起第一次对各国央行产生了威胁，后者很快竞相加入数字货币的角逐中。用区块链取代传统跨境传输范式，将削弱中心货币“武器化”的执行力。如果说CIPS（跨境银行同业支付系统）这样的替代品仍局限在传统关系银行的层层转账中，且难有突破的话，那么区块链基础上的数字货币传输则采取了一个革命性的框架去挣脱束缚。

包括中国在内的各国央行数字货币的兴起，代表了各民族国家捍卫主权货币、同时消解“中心化”货币——美元霸权的趋势。

各国央行采用区块链技术，致力于方便本币在全球范围内使用和传输，实质上实现了主权货币在控制上的“中心化”。跟比特币等“平民性”货币相反，这不意味着权力下放，而是权力在关键银行的集中，央行数字货币的“可追踪化”将赋予央行对于金融活动直接的知情能力。央行在加强控制的同时，区块链的难以篡改性和验证性去除了“跨境传输”过程的“中间人”——“关系银行”和SWIFT[1]的需要，也就挣脱了它们的束缚和监督。因此，现在一些国家在利用区块链技术，从结构上着手，将主权货币的“整个”国际交易过程尽可能地掌握到本国政府的代理人手中，并从方便、快捷等实用性方面着力，抓住本国参与的国际贸易和国内消费市场扩张的时机，来扩大主权货币的国际化，蚕食美元的市场份额。这是一个逐渐的离心作用，将慢慢消解美元的中心地位。

国际贸易份额和国内消费市场扩大，是一国主权货币在国际货币圈中升级的必要条件，也有助于摆脱中心货币转嫁风险；去掉对传输中间人的依赖、加强中心化控制，是保护“数据信息主权”的必要手段。在关键数据就是生命的今天，数据控制显得更为重要。

当各大国争先恐后在推进区块链技术上的“本币控制中心化”，在国际结算上“绕开中间人”，争夺领地的战争刚刚打响时，在传统跨境传输中处于“枢纽地位”的小国和地区也在摩拳擦掌，争夺新货币时

〔1〕 SWIFT的替代品并不是没有，如中国的CIPS，但是国际传输中绝大部分信息传输都是通过SWIFT。

代的国际金融枢纽地位。这些动向在提醒地球上每一个人，一个新的金融时代就要来临了。那就意味着，我们每个人都将感受到强烈的不同。

在中国，越来越多的人将会看到央行数字货币在民间落地使用。同时，中国央行数字货币已经开始在国际结算“去美元化”的过程中发挥作用——2020年5月，上海宝钢已经与世界三大铁矿石商建立渠道，将在未来的交易中使用人民币数字货币进行跨境贸易结算。

据 Dezan Shira & Associates[1] 分析师称，俄罗斯也已将加密货币的使用合法化，2021年1月1日，“数字卢布”就会应运而生。俄罗斯还宣布了与莫斯科 Expobank 的第一笔加密货币银行贷款，使用 Waves 加密代币作为该协议的抵押品，提供了一笔未公开的贷款。同时，他们对美元使用率下降的预测似乎也已成真——中俄贸易中美元的使用率已从2015年的90%下降到2020年8月的50%，且每年以10%的速度下降。2020年第一季度，美元仅占所有中俄双边贸易的46%，欧元占30%，其余为24%的人民币和

---

〔1〕 https://www.china-briefing.com/news/when-can-i-buy-use-and-trade-chinas-digital-yuan/.

卢布的组合。2019 年 6 月，中俄两国有关部门签署有关改用本国货币结算的协议，放弃美元，转而使用卢布和人民币等本国货币。至少在这种配对中，美元用量将继续下降。按照这种速度，到 2025 年，所有中俄交易都将以欧元或通过各自的数字货币进行。这些真正的变化正在发生。

当前，中国有望成为世界上最大的消费国，对美元使用的减少是可以预期的。同时，金砖五国都在开发自己的数字货币，其目的就是要避开美国银行网络和第三方进行交易。

有的小国（如马绍尔群岛[1]）推出数字货币的目的是捍卫其国内市场与外界的联系。在加密币和区块链技术诞生之前，该国跟世界的金融联系全靠“他国”的国际银行分支，而现在岛上唯一的全球金融机构分支也因长期不赚钱打算关门。由于在传统国际金融秩序下，国际支付需要通过“关系银行”一层一层转账，因此，失去了唯一的国际金融机构的关系银行账户，本币就会成为一个“孤立”的货币。现在，马绍尔群岛发行的以区块链为基础的央行数字货币则

〔1〕 https：//www. brookings. edu/blog/techtank/2019/12/13/the - current - landscape-of-central-bank-digital-currencies/

可越过“中间银行”这一环节，直接与全球金融机构交易。

同时，区块链基础上的加密币作为一股颠覆性的力量，在世界范围内推动世界货币传输的“去中心化”，方便主权货币控制“中心化”的同时，也不可避免地开始了金融生态“去政府化”的过程。Ripple、比特币、USDT等有力冲击着民族国家边界的区块链跨境传输，挑战了金融犯罪监控。例如，中国、韩国、美国都发生了多起加密币募资的诈骗活动；特朗普“通俄案”中被查出的“俄罗斯间谍”，被指控用比特币轻松买到黑客所需要的技术设备。

于是各国都面临一个永久性的问题——法律、政策的制定之于科学技术爆炸似的创新带来的经济和社会变革明显滞后，有时甚至毫无办法。共识性金融生态是一个全新的生态，作为货币交易传输平台和新型银行，如何避免被犯罪者利用，避免欺诈，避免系统性风险和国家安全风险等问题，对于监管者来说是一大挑战。

其实，最重要的是，“怎么管”涉及国家战略。加密币和区块链的发展有潜力颠覆国际货币秩序、消解西方主导的金融体系的中心地位、改变金融生态的底层设施和权力结构、提供地球人都可参与的平民化投融资方式。这些力量的“革新”效应，是任何国家政府都不敢小觑的。同时，国家的监管政策也在塑造着加密币和区块链的生长形态。

在民间和政府、主权国家与国际中心势力博弈过程中，我们看到了明显的权力漂移。为理解这些权力变化的动态，我们先从源头上了解一下共识性货币生态的形成。

第二章

共识性货币
——从比特币说起

唯一的真实版本

2009年，崇尚自由和个体权利的中本聪为世界呈上了一个全新的选择——比特币，将货币的本位机制带入了“共识”时代。比特币的背后技术——区块链将世界上任何角落的陌生人连接起来，通过“共识机制”和“去中心化”的点对点交易来传输价值。这种货币不靠政府信用背书，也无需让位于银行或权威中间人来实现稳妥交易，大大缩短了有价物全球传输所需的时间。

比特币的“共识本位”到底是什么呢？首先，它不是中本聪第一个使用，但中本聪却是第一个将此机制规模化、全球化的人。

位于西太平洋的加罗林群岛的Yap岛上的居民，在19世纪以前，用一种相似的“共识机制”来实现价值的发现和转换。与亚洲、欧洲和美洲对黄金上下5000年的迷恋不同，Yap岛上的村民们都接受的

“硬通货”是一种由石灰岩做成的石币（Rai）。如下图[1]。

一物之所以可做交换媒介，是因为大家都接受它，愿意让渡物资来换取它的拥有权，并相信：用它可以买房、置地、买渔船。Yap 岛上村民们接受的，就是这样一个超大版的铜钱一样的存在。

与铜钱和黄金白银不同，石币密度小，不易携带和分割，没有耀眼光芒，但却有装饰作用，象征着财富。一个石币属于谁取决于村民对于其交易历史的“公认”，因此偷走石币毫无用处，因为在村民的集体记忆中，该石币仍然属于那个被公认的主人。如果

---

〔1〕 https：//www. thevintagenews. com/2017/12/28/rai-stones/.

拥有者使用该石币购买物资，他（她）会在全村宣布：自己不再拥有该石币，其拥有者转换为下一个人。这个共同分享的集体记忆实际上就是一个“公共账本”，账本上的每一条交易和所有权都以村民的“共识”来保障其真实性和准确性。即使一个石币不慎入海，再也找不回来，村民们仍然保持着对其所有者的集体记忆，丝毫无损那块石头充当交易媒介和储值的角色。

作为一个极端的例子，石币展示了金融工具的“非实体性”特质。现在，作为非实体经济的金融体系，自然有非实体的革新性技术来充当其掘墓人。

中本聪发明的比特币使用区块链技术，将全世界的人连结在这个“虚拟”的村庄里。与互联网有别，互联网在将世界联通起来的同时，也催生了无数个版本的“真实”。我们看现在漫天的谣言就知道，真正的“真实”永远是稀有物。然而，在区块链上，“真实”却只有一个版本，正如Yap岛上的村民的共识只有一个版本。在为数不多的村民中实现一个共识版本的难度也许不大，但要在全世界网民组成的虚拟村庄里实现唯一的“真实版本”则要求技术创新。

中本聪使用了数学验证体系来构建链上唯一的真实版本。维护可靠的“公共账本”需要通过复杂计算并相互验证，从而取得共识。为了奖励那些参与维护公共账本的人，他们得到的是挖矿来的比特币。交易得到验证后，区块链上就增加了新的区块，包含新增交易信息，这些区块数据就是账本，公之于众。篡改这个公共版本的可能性在理论上有，而实际上却微乎其微，因为每一笔交易都是透明的、被永久记忆的、公认的和难以篡改的。

当维护可靠的账本、实现远程稳妥性交易不再需要权威或第三方时，这个解放性、平民性和民主性的力量就具有了摧枯拉朽、颠覆既有秩序的潜力。这就是中本聪版的“我有一个梦”。

当维护可靠的账本、实现远程稳妥性交易不再需要权威或第三方时，这个解放性、平民性和民主性的力量就具有了摧枯拉朽、颠覆既有秩序的潜力。

将世界货币体系带入全新时代的中本聪到底是何人？TA是一个人、一个团队，还是别的什么存在？这是加密币发展史上最为神秘的问题。

中本聪的日语意思是“生于智慧的祖先”，他宣称自己是一个位于日本、生于1975年的男士。2014年，美国的《新闻周刊》将住在加州的多里安·中本聪“任命”为比特币创始人。这使他引起了媒体的疯狂追捧，也极大地破坏了他平静的生活。多里安否认与加密货币有任何联系，但他最终扮演了社区吉祥物的角色。[1]

《新闻周刊》的猜测并非空穴来风，绝不只是因为多里安与中本聪有同样的姓。这家杂志发现，这个中本聪具有发明比特币的能力和倾向。他曾在美国加州州立理工大学物理系学习，并担任过机密国防项目的系统工程师，以及技术和金融信息服务公司的计算机工程师。多里安·中本聪还具有自由主义倾向，并鼓励他的女儿“不在政府的掌控之下”开展业务。但是，当他第一次被问及比特币时，中本聪错误地认为这是关于他为美国军事承包商从事的一个机密项目的问题，他说：“我不再参与其中，无法讨论。我不再有任何联系。”[2]

这个“加州中本聪”大概率不会是比特币中本聪。

根据中本聪对英语的母语性把握、英式用语习惯，以及与英国时区匹配的工作时间，很多人猜测其来自英国。例如，中本聪使用两个位置的逗号，使用了“honour”而不是“honor”，都是英式英语。

有人甚至猜测马斯克是中本聪，似乎马斯克包揽

〔1〕 https://news.bitcoin.com/satoshi-nakamoto-founder-of-bitcoin/.

〔2〕 https://news.bitcoin.com/satoshi-nakamoto-founder-of-bitcoin/.

了这几年所有的人间奇迹。不过，这种说法也不是完全没有根据，马斯克的物理学功底和曾经创立 Paypal 的历史让人认为他有能力成为中本聪。

总之，这个世界上可以有无数个存在都具有发明比特币的能力，而中本聪只有一个，坊间种种猜测没有一个得到普遍认同，中本聪是谁，仍然是个历史悬案。

前面提到过，中本聪说过的最为著名的一段话是：

“传统货币问题的根源在于，我们的信任是货币有用的先决条件，我们相信央行不会让货币贬值，然而法币的历史却充满了对此信任的重复践踏。银行持有我们的资产完全是因为我们的信任……可是，银行却以信贷泡沫的形式发放贷款，而且准备金不足（不负责任地将我们的资金置于风险之中）。我们还得相信银行不会将我们的隐私暴露给他人，并确保没有盗用我们身份的人来用尽我们的财富。”

中本聪对传统货币的问题说得很透。同时，在传统国际传输中，我们将信任置于一个有权威的信息传输机构如 SWIFT，相信这些机构会保持真实而准确的信息和账本。当有关机构把完整的金融流动地图暴露给第三方，而第三方将此信任变为武器时，这个世界远非公平。

迈向共识性货币生态的第一步

2010 年 5 月 22 日，是比特币的“比萨纪念日”。这一天，美国佛罗里达程序员 Hanyecz 用 1 万个比特币买了两个比萨。Hanyecz 在 bitcointalk 论坛上说：

“如果谁送两块比萨到我这儿，我愿意付他 1 万个比特币……你可以自己做比萨给我送来，也可以叫外卖送给我。”

一个英国人成为第一个吃“螃蟹”的人。他从 Papa John’s 用 25 美元订了两个比萨，送达 Hanyecz 处，得到了当时价值 41 美元的 1 万个比特币。这被广泛视为比特币第一次成功出手购得实际物品。2010 年以后，比特币价格一路上涨，虽有跌宕起伏，但一度涨至 2 万美元 1 枚。按照历史最高价来算，这个英国人用 25 美元换到的 1 万个比特币如果没卖，就相当于拥有 2 亿美元。即使比特币的价格跌到价格最高时的四分之一，仍然高达 5000 万美元。

尽管比特币的价格呈指数级地上涨，但 Hanyecz 对于让渡了这么大一笔财富似乎并无后悔之意。他对《纽约时报》表示："当时比特币并不值钱（一个相当于 0.0041 美分），所以将它们换成披萨的想法非常的酷！"

Hanyecz 作为一个有远见的程序员，在大家还没有注意到比特币、挖矿还没有如此艰难的时候，已经通过挖矿的形式获得过大量比特币。他说："比特币那时虽不值钱，但是我认为比特币注定会变得更强大。那时我对比特币一无所知——我的意思是，我只玩了几个月，就弄清楚了如何挖矿——这就是我得到我送出去的那些比特币的方式。"[1]

每一年的比特币比萨纪念日，他都会成为公众话题。他以创造了比特币历史上的一个重要里程碑而自豪。

现在，世界上有超过 2 万个商家，包括微软、星巴克、Expedia（亿客行，旅游网络）、Bloomingdale（布鲁明岱尔百货公司，相当于中国的 SKP）、支付宝、戴尔等公司都相继接受包括比特币在内的加密币

---

〔1〕 https：//cointelegraph. com/news/bitcoin-pizza-guy-laszlo-hanyecz-on-why-bitcoin-is-still-the-only-flavor-of-crypto-for-him.

支付。美国的俄亥俄州还建立了一个接受加密币付费的纳税平台，让企业可以通过缴纳加密币来履行上税义务。这给不能施行货币政策的各州一种新的货币形式，来抵消美元法币单一性造成的尚不灵活的经济调控带来的影响。

使用比特币就像使用微信钱包一样简单。用户可以下载软件或者使用硬件来创建一个电子钱包。钱包上有一个公钥，相当于账户号码。连接比特币交易平台的钱包可以从传统银行转钱进去，用以购买加密币，也可以让他人的加密币账户转账来对这个钱包充值，或将现金存入加密币的 ATM 机来购得加密币。现在全世界有 73 个国家总共有近 7000 个加密币 ATM 机[1]。

加密币直接用来购买物品，是“共识”性经济独立于传统银行系统的重要一步。

加密币直接用来购买物品，是“共识”性经济独立于传统银行系统的重要一步。走出这一步以后，加密币和共识机制的区块链开始在国际金融和贸易领域开疆拓土，创造了一个蓬勃发展的生态体系，包括虚拟市场、虚拟投资渠道、实体资产的数字化等等。这个生态体系的大部分活动仍然游离于任何一个国家机器的触角之外，处于“监管真空”状态，是一个真

〔1〕 https：//coinatmradar. com/.

正“无国界”“无政府”的状态，在大大丰富和提高投资者的选择和贸易运行效率的同时，也被大量用于洗钱、走私军火武器、购买被禁运的技术等。

自主、透明、无国界的货币登堂入室

一没有政府背书，二没有资产背书，比特币是如何登堂入室的呢？比特币诞生的原因是对政府和央行的不信任，是要把金融的“自主权”重新夺回民众手里。在什么地方这样的要求最为强烈呢？恶性通货膨胀成灾、主权货币系统面临崩溃的国家，还有那些金融系统从未确立或尚未完善的国家。

在2010年的津巴布韦，比特币提供了一个比黄金便利得多的“价值储藏物”选择。

我们知道，如果大家都承认某物有价值，愿将实物与它兑换，愿付一定数额的其他币种与之交换，达到一定规模，它就可以作为一个“价值储藏物”。它被大家接受的程度，取决于其他的价值储藏物的相对“可及性”和“贬值”的可能性。比起黄金交易，比特币交易可以在网上瞬间完成。而比特币在设计上将总发行量封顶于2100万枚，因此杜绝了因货币超发而引起的贬值问题。

2011 年，在比特币网上交易所“bitcoin-otc”上，有人用 300 万亿津元换了 12 个比特币[1]。

上图这张 100 万亿津元的纸票比祭祖上坟烧的纸钱数目还大。[2] 2008 年以来，津巴布韦经济断崖式滑坡，人们开始使用美元、日元、人民币甚至印度卢比。但这些货币无论是纸币和数字形式都很难拿到手，而比特币则相对容易得多，因此津巴布韦成为第一个追捧比特币的国家。

此后，经济发展遇到困难的委内瑞拉、土耳其和伊朗等国家也开始热捧比特币。虽然这些国家对于扩

〔1〕 https：//cryptodaily. co. uk/the-history-of-bitcoin.

〔2〕 https：//qz. com/africa/1652851/zimbabwe-dollar-is-back-but-economists-are-unsure-it-will-work/.

大比特币交易市场的体量来说仍然微不足道，但他们向世界展示了，比特币可以成为对政府和银行投不信任票者的避难所。在互联网连接的地球村里，任何一个微不足道的地方的人，都有权拥有无国界货币，成为无国界消费者。作为无国界人，拥有摆脱某一个特定国家、政体对自身财产和生活限制的选择。

在互联网连接的地球村里，任何一个微不足道的地方的人，都有权拥有无国界货币，成为无国界消费者。

在发达国家，追求“金融自主权和自由”得到一群北欧 IT 人士的认同。2013 年，一家芬兰软件公司 SC5 在其著名的声明中，不仅赞赏了比特币背后的世界观，也强调了比特币传输的一个优越性——“透明性”在杜绝商业诈骗中的潜力。这家公司开始尝试使用比特币来支付员工工资，员工可以选择接受比特币支付。公司声明的内容是[1]：

“我们这样做是出于对新生事物浓厚的好奇心。比特币与我们的世界观十分契合。这个体系允许开源软件开发，在支付和网络商务领域有很多创新潜力。加密技术保障了支付的安全性。与之形成鲜明对比的是，现在通用的信用卡则依赖有形卡，每年有价值数十亿美元信用卡被盗或诈骗。”

---

〔1〕 http：//coinalert. eu/12571001270168-Finnish+Company+Leads+the+Way+in+Evolution+of+Currency+by+Offering+Bitcoin+as+Salary. html.

比特币传输“透明性”的巨大价值在“非盈利性”价值传输中也很快被发现。2013年四川雅安地震当天，中国币圈名人李笑来发起对灾区的比特币捐赠，他认为：“比特币用于公益事业有一个巨大的优势——所有捐款过程均为公开透明，任何人均可查询，没有人可以造假。”

的确，区块链上所有人都有账本记下每一笔汇款转账，任何在中间提成、渔利的举动都会白纸黑字地显露在光天化日之下。影视名人李连杰创建的壹基金第一个宣布接受，当天就获得了价值4万元的比特币捐赠[1]。

同年，比特币迎来第一家国际知名企业的支持，百度旗下的加速乐宣布接受比特币支付，使得百度成为国内首家支持比特币支付的互联网公司，此举在国内外市场成为催化剂，吸引了个人和机构投资者巨资入场。

有趣的是，比特币的发明者虽然大概率位于发达国家——有人说中本聪是日本人，有人说是英国人，体现的是西方式民主与自由的理念，而比特币的兴起和站稳脚跟则大大得益于新兴市场的支持。一个重要

---

〔1〕 http：//read. bbwc. cn/NC8zMC86OjU2. html.

以比特币为代表的“共识”性货币秩序在世界范围内将是一股颠覆现存“西方主导”的金融制度的力量。

原因是，以比特币为代表的“共识”性货币秩序在世界范围内将是一股颠覆现存“西方主导”的金融制度的力量。其透明性、便捷性带来的高效运转将会继续扩大这个生态圈的范围，迫使传统金融机构不得不寻找与之共生的策略。

此后，德国、美国和日本等国相继承认比特币的合法性，戴尔、微软、IBM等国际知名公司也相继宣布接受比特币，并注入巨资发展区块链基础上的金融创新科技和管理模式。

没有背书，何处去？
——比特币的问题和挑战

“数字黄金”价格暴涨暴跌

在交易价格上，比特币成为早已远超金价的“数字黄金”。二者被奉为有价物的原因不同。黄金可作装饰物，象征着奢华，除此以外也没有多少实际用途；而比特币具有黄金所没有的象征意义——自主、平等、金融的民主性和去中心化，一度成为规避金融风险的选择。

然而，比特币所谓的“稀缺性”——2100 万枚封顶的限额却是一个悖论，因为这个限额并不能阻止币圈复制出无数具有上限的其他类型的加密币。短短一年间，比特币币值从逾 2 万美元狂跌到 4000 美元以下，一时又因中美贸易战等因素，在短短两三个月内飙升至1万美元以上。2020年新冠病毒“黑天鹅”出现的前期，比特币的价格陡然上涨，继续铸造比特币作为“避险资金”的神话。然而讽刺的是，在美股8天内3次熔断以后、世界经济危机的阴霾来临之前，比特币一周内狂跌二分之一（2020年3月16日）。这表明，单靠理念和大量投机分子支撑的价格是不可靠的。

也就是说，比特币所代表的金融“自主性”和“民主性”虽然本身有价值，但没有锚定其他有价物，会出现价格的暴涨暴跌，这是比特币天生的缺陷。因此，成熟的加密币必须要锚定其他有价物——可以是任何实体的数字资产，也可以是一揽子的主权货币。实现稳定性，才能担当作为交换媒介和计价的功能。消费者若是看到爱马仕领带的价格今天是0.001比特币，明天是0.005比特币，估计会崩溃。

成熟的加密币必须要锚定其他有价物——可以是任何实体的数字资产，也可以是一揽子的主权货币。

挖矿烧掉巨额能源

比特币的另一个大问题是挖矿过程消耗大量电力资源。比特币的区块链属于“公共链”，这意味着，理论上链上任何人都可使用超级计算机参加这个“验证交易、维护公共账本”（POW，Proof of Work）的数学竞赛。比特币价格微不足道时，没有多少人愿意挖矿，而现在全世界估计有一百万人在挖矿，加上比特币的出矿量定期减半，因此获得每个比特币的难度在持续上升。

随着竞争日趋激烈，个人挖矿时代已远去。现在任何个人要靠挖矿来获得比特币，几乎不大可能。挖矿社区已经发展出了挖矿池和挖矿云端，形成一个挖矿市场，耗费的电力资源惊人。美国环保署最近的研究发现，比特币挖矿所耗费的能源跟开凿等值美元的黄金或白金消耗的能源相当[1]。冰岛是比特币矿工的天堂，除拥有便宜的可持续发展的电力外，冰岛天气寒冷，可节约服务器降温所需的能源。2019 年，

---

〔1〕 https：//www. nature. com/articles/s41893-018-0152-7.

包括比特币在内的加密币挖矿消耗的能源估计大于整个爱尔兰国家居民消耗的能源〔1〕。

但是，冰岛并不是挖矿活动最多的地方。世界上挖矿活动最多的地方在中国。因为中国的能源价格便宜，挖矿者可通过同样的钱购买更多电力，支撑更多算力。由于所有的计算机都在使用随机的“试错法”来寻找答案，算力几乎是决定谁能赢得挖矿比赛的根本。

有的机构在2019年估计，中国境内的挖矿活动占据全世界所有算力的71%，而冰岛仅占2%。〔2〕见下图。

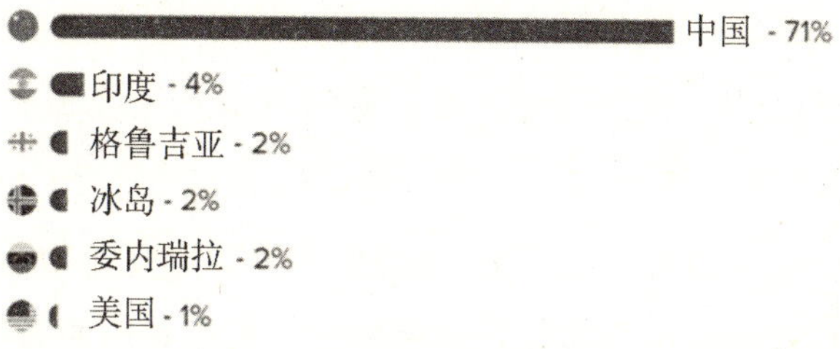

挖矿地址通常选在电力便宜、租用仓库和生活用

〔1〕 https：//www. aljazeera. com/indepth/features/iceland - bitcoin - miner - haven - happy-190414191134345. html.

〔2〕 https：//www. buybitcoinworldwide. com/mining/china/.

品价格较低的地方。中国的四川、云南等地因此成为上佳选择。摩根·斯坦利2018年发现，仅仅四川省就占有全世界算力的54%。[1]

由于挖矿活动集中，中国成为生产挖矿工具的世界引领者。中国也拥有世界上最大挖矿池中的几个。挖矿池就是个体挖矿者或公司之间结成的联盟，挖矿池的算力是参与者算力的总和，其产生的比特币也被参与者根据其贡献算力的大小来分配。挖矿池越大，参与者越有可能拥有稳定的收入。分享长期稳定但每次少量的比特币，相对于像“抽奖”一样独得多个比特币，大部人会选择前者。几十年天天抽奖可能也中不了，而几十年以后，比特币的出矿量就可能为零了。在中国拥有的大挖矿池中，最大的是Antpool、F2Pool等。此外，中国也是BTC. com的一个主要操作地。[2]

毫无疑问，世界各地的挖矿者都有动机来中国参与挖矿大集结，利用最好的挖矿工具和廉价的能源。但这对中国却不一定是好事。不难想象，比特币挖矿在中国间接造成环境负担——中国的电能仍然大概率

---

〔1〕 https：//coinsharesgroup. com/assets/resources/Research/bitcoin - mining - network-december-2019. pdf.

〔2〕 https：//cryptobtcmining. com/best-bitcoin-mining-pools/.

来自煤[1]），而电费低廉在一定程度上与国家政策有关。如果纳税人的钱被用来补贴加密币挖矿者，显然有伦理和法律问题。

比特币在中国的集中趋势也跟中本聪的初衷背道而驰。挖矿产生的这些问题，在此后区块链的发展创新中，自有各路英雄各出奇招来解决。

小额传输缓慢，跨境传输游离于监管之外

境内传输，比特币的付账速度跟 VISA、Master、支付宝、微信相比，完全没有竞争力。比特币交易的验证依赖挖矿者的共识，只有交易被验证，这桩比特币传输才算完成。而挖矿者从中得到的"费用"多少，通常是决定挖矿者是否将一笔交易纳入"下一个记账区块"来验证的风向标。因此，在比特币链上，同一时间发起的交易，如果交易费很大，则交易完成的时间较短，反之亦然。在比特币的链上交易十分活跃的时期，平均一个交易完成的时间是 30 分钟到 16

[1] https://www.eia.gov/todayinenergy/detail.php?id=33092.

个小时[1]。无论是“国内”还是“国际”传输，一笔国内转账需要30分钟完成是不可接受的。然而，一笔国际转账只需要16个小时，则将国际电汇记录远远甩在后面。现行的跨境汇兑操作，一个典型的国际电汇至少需要3—5天，并且费用很高。

比特币在跨境传输上的快捷性，是因为区块链技术不牵涉传统国际传输中依赖的多个金融机构的层层转账。这个过程中的一个关键问题是依赖人工反复验证纠错的低效，另一个问题是资金每经过一家中间机构，都要受到该机构适用的有关国家法律的管制，其中包括美国的制裁和反洗钱法律，以及各国的外汇管制法律。多年来，这些运行于全球的中间机构已经建立了庞大的合规监控系统，试图在各国不同的、有时处于矛盾博弈状态的国际政治体系中找到平衡。这些繁琐的负担和纷争正是比特币致力避开的，直接的效果就是淡化国家主权，构建了一个监管真空、游离于传统世界金融秩序之外的模式。

[1] https：//coincentral. com/how-long-do-bitcoin-transfers-take/.

监控真空下的犯罪

比特币与生俱来的无国界性——打破重重监管枷锁，在全球自由传输，自然成为各国政府管控最大的问题。行之有效的传统监管制度是建立在“中心化”制度上的，面对加密币“去中心化”的传输难以奏效。如果说主权货币的传输系统是一个“闭合性”系统，每一个传输都有一个“中央”管理系统监视的话，那么比特币的传输本身是一个“开放”的“平行”系统，用户间可以点对点传输，难以追踪。加密币经济生态及其核心的交易所是一个全球性的存在，很难用单个国家法律去管治。所以，使用比特币逃避反洗钱监管、反偷税监管、制裁监管的例子数不胜数。

由于比特币存在诸多问题，比如可以用以避险，但是却不如黄金的价格坚挺，因此它只能成为“数字黄金”，而非作为交换货币来使用。总之，比特币虽然仍然雄踞加密币市值之首，但并没有对现存金融秩序造成实质性撼动。

比特币虽然仍然雄踞加密币市值之首，但并没有对现存金融秩序造成实质性撼动。

真正造成实质性撼动的，是建立在区块链基础上、又锚定有价物或主权货币的稳定币——既有稳定性可用于计价，又有流通性、独立性，能够挣脱中心化货币和中心化传统传输方式的束缚，颠覆传统金融秩序。

第三章

金融生态权力飘移

今天，各行各业都在数字化，银行业数字化也是大趋势。造成颠覆性影响的，是广泛意义上的数字化银行吗？

刚刚开业的香港首家虚拟银行——众安银行，把传统银行的服务全部搬到网上，把一站式手机应用程序打造为用户专属的全天候银行，并且用高息储蓄来吸引客户。用户只需一部电话、一张身份证、五个步骤，最快五分钟就能完成开户。

但是，这些广泛意义上的数字银行仍然依托传统银行和主权货币为中心，只是使用技术将传统银行操作转移到网络上，提高效率；消除的是银行的“物理实体”存在的必要性，改变的是金融生态的“表层面貌”，对于货币本身和国际金融秩序的影响是有限的。

而共识性金融秩序要改变的，则是国际金融秩序的底层基础设施，是对金融空间一直依赖的“权威”和“中间人”之必要性的消解。前面提到的 Facebook 的例子，就是一个要凭借“共识”来创造全球性货币的尝试。

实质性威胁来自稳定币

当加密币发展到“稳定币”这个阶段，保留了传输记账过程中的“去中心”和“去权威”的优势，同时又承接了传统银行的财政信用，功能也更为全面，具有在全世界被普遍使用的潜力，这就开始对主权货币真正产生了威胁。而其背后的公司越具有公信力，其潜在的实质性威胁就越大。

回到 Facebook 的例子。前面提到过，Facebook 的战略是利用其天生的网络优势，结合区块链对权威信任的“必要性”的消解来创建世界货币，加入把握世界金融命脉的角逐中。与比特币的最大不同在于，Libra 的设想中有一篮子货币为其背书，跟国际货币基金组织的 SDR 相似。Libra 的金融战略把自己投射为一个加密币发行机构和货币交易所，担当银行的部分功能，提供跨境交易的便利，同时又能避免前文谈到过的诸多问题——币值不稳、挖矿的环境代价以及传输的效率问题。若得以实施，这才是真正会威胁到主权货币的庞然大物。因此，这个具有行业颠覆性的计划迅速获得了28个公司和团体的加盟，其中包括国际支付界领军机构VISA、MASTERCARD、PAPAL、EBAY，以及欧洲的多个组织。

扎克伯格看得很清楚，他不做，有人会做。尤其是当对手是一个个大国的政府时，掌握先机显得尤为重要。

技术设置上，与比特币的“公共链”（大家都可见账本）和“非许可链”（不需许可，即可加入验证大军）不同，Libra联盟计划使用一种“联盟链”，同时也是一种“许可链”，只允许加盟公司和团体来验证。让联盟的几个主体之间掌握、验证和分享数据和结果，解决“信任问题”；由于不需要公共验证，极大提高了账本更新的效率，有潜力解决规模化难题。Libra曾经考虑过公共链，但2020年因效率原因放弃了。

政治考虑上，为了减少美国政府对这一新生事物的抵制，Facebook设置的背书货币中，美元占到50%，高于美元在国际贸易结算中的比例，但是仍然遭到了美国政府和欧洲国家的重重阻力，到现在还没有落地。面对亟待解决的金融系统性风险、反洗钱、反恐融资、反逃税、反腐败等等一系列重大问题，

Facebook 没有太多经验。最为基本的方面——如何认证全球各地不同人群的“数字身份”，仍然是个难题。

处处受阻以后，Libra 决定降维处理。在 2020 年 4 月的白皮书中，Libra 新增加了多项稳定币的计划，锚定单一主权货币。这种降维处理大大降低了合规难度，也将给 Libra 更多的灵活性。更为接地气的是，已经有 Tether 等公司发行单一锚定美元、欧元、人民币的稳定币，提供了现在看来有很大潜力的运作模式，作为先驱，有章可循。

Tether 旗下的稳定币 USDT，市值仅次于比特币、以太坊，但它背后的问题也很多。很多投资者怀疑 Tether 公司没有足够的准备金，没有向投资人和消费者及时报告重大资金流失事件，甚至有人指控 Tether 操纵市场。

Tether 背靠区块链活跃的中国香港——这是个加密币政策很开放的地区，在没有获得全球重要监管部门批准时，已经大展拳脚；相较之下，注册在瑞士的 Libra 联盟还在耐心地等待美国各个监管部门的批准。不管是事前还是事后，政府的监管格局和策略正在塑造着加密币行业发展的姿态。

在美国国会多位议员认定 Libra 没有合理的计划

来控制其可能卷入的金融风险、反洗钱合规风险等以后，VISA、MASTERCARD、PAPAL、EBAY 这些领军机构都陆续离场，大大削弱了联盟的公信力和市场网络。但是，Tether 在没有任何知名企业参与的情况下，仍然做成了市值第三的加密币。这就告诉我们一个事实——只要主权国家政府没有理由扼杀非官方的稳定币，非官方稳定币在未来的金融生态中就具有相当大的发展空间。

只要国家政府没有理由扼杀非官方的稳定币，非官方稳定币在未来的金融生态中就具有相当大的发展空间。

稳定币兴起的启示在于，区块链技术的发展赋予了人类更多自由，人们已经不再需要将信用托付给一个正式的多国政府组织，才能信任一个全球性货币。一个私营组织完全可以通过“共识性机制”来满足全球贸易在金融支付方面的需求，让政府（或政府联合组织）从主导的位置上让位，退居到监督和提供便利的角色中去。

在货币博弈的新局势下，大大小小的民间组织具有了与国家（间）机构同台竞争的机会。稳定币的将来不光是政府的，也是民间的。

但是，稳定币对主权货币和传统金融生态并不总是意味着威胁，美元背书的稳定币实际上在某种意义上拓宽了美元的势力范围。

美国正式认可稳定币与传统银行深度合作是在

2021年1月5日。当天，货币管理办公室宣布，美国的银行和联邦储备所可以作为稳定币区块链上的“链接点”对支付行为进行“独立验证”，并使用稳定币进行支付活动。[1] 这是在2020年9月该办公室授权银行和储蓄所为稳定币发行商“保有”储备货币之后的一大进展。美国银行与区块链之上的稳定币深度对接将大大拓宽稳定币的全球领地。

2020年9月，当银行被准许为稳定币发行商储备背书法币时，这些银行和储蓄所已经每天为数10亿美元价值的稳定币提供服务。而当时的政策举措为运营者提供了政策确定性，并要求保有稳定币背后法币的银行和储蓄所必须每天检查发行商持有的法币量是否能够“一对一”地背书其发行的稳定币数量。[2]

在此之前，政策的不确定性令很多稳定币发行商将背书的主权货币储存在监管力度很小的小国，这增大了监管的难度，让尽职调查难以进行。例如为Tether发行的稳定币USDT背书的美元就被存在欧洲小国，厌恶风险的四大会计师事务所都不愿为之做审

---

〔1〕 https：//www2. occ. gov/news - issuances/news - releases/2021/nr - occ - 2021 - 2. html.

〔2〕 https：//www2. occ. gov/news - issuances/news - releases/2020/nr - occ - 2020 - 125. html.

计，令普通监管程序难以奏效。

确定“什么”行为合法并对“什么”行为施以管制，是政策制定中最大的艺术。此举让银行和储蓄所来替政府当金融警察，监管稳定币发行商的“准备金”，并吸引海外的资金回美，一石二鸟。

有一点不得不提——现在市场表现最好的稳定币的主要背书法币就是美元；而购买美元在很多国家被各种监管限制。但当美元穿上稳定币的外衣、坐在区块链上之后，其买卖就容易很多，可以在全世界快速流通。现在体量巨大的传统银行被准许进入稳定币的传输和支付活动，助推了这些稳定币在全球的广泛使用，在支付领域先发制人，将数字黄金比特币这样的竞争者远远甩在后面，既是对比特币最近咄咄逼人气势的回应，也是巩固 SWIFT、ACH 和 Fedwire 之外的美元国际传输新高速通道，为美元向过去的禁区领域进军提供了一条别径。其影响力之重，不须多言。

新跨境传输模式攻城略地

正如前面介绍的，比特币、Libra 等诸多加密币都能在单一币种的跨境汇兑中，绕开传统传输方式——很简单，就是在区块链上通过共识性机制，验证更新账本。但是，如果要实现跨币种的汇兑，怎么办呢？跨境传输创新的领军组织——Stellar、Ripple不光打破了单一币种的传统跨境传输模式，也通过内在的虚拟货币交易所，改变了传统的多币种汇兑方式。

Stellar 和 Ripple

2017 年，IBM 联合 Stellar 推出一种全球即时的跨境传输和汇兑方式，叫做 IBM World Wire。Stellar 的使命与 Facebook 有重叠之处，就是给予世界上各个角落里那些因为缺乏国际支付服务而无法与国际市场接轨，却有智慧、有创造力而又辛勤劳动的人们提供国际结算渠道。不同的是，Stellar 是一个非营利组织。

IBM World Wire 使用区块链技术，利用共识机制，越过 SWIFT，越过所有的中间关系银行，实现世界各地的银行形成点对点连接。链上任何银行之间均可直接相连，去除关键路径上的结构洞，大大减少了对国际性大银行的依赖。World Wire 的另一个创新在于，它有一个内在的数字货币交易所，连接全球用户的外汇买卖，实现即时的多币种汇兑。

使用 IBM World Wire 来进行国际传输和汇兑，用户方是何种体验呢？

· 位于墨西哥的侯赛想给在巴西的维克多寄 500 比索，她希望维克多收到的是等值美元。

· 侯赛需要做的就是在他的钱包（就像微信钱包）发一个转账命令，提供维克多的收款地址，指明到款货币是美元，点击“发送”。这个交易花了他 0.000001 美元。

· 接受方维克多马上就收到了他的数字美元。整个过程都像一个典型的电子银行经历。唯一的区别是：时间短、花费少，比很多汇兑公司安全。

从 Stellar 的 App 这方面来看，汇兑过程如下。

· 一旦侯赛指明要把 500 比索换成美元给维克

多，他的钱包里的App就会自动寻找Stellar内部的数字货币交易所，搜寻全球网络所有用户中想用美元买墨西哥比索的买家。成交后，侯赛的500比索变成26美元，卖家的美元换成500比索。

·大部分情况下，货币交易直接发生。有的情况则需通过中间兑换。如果通过中间兑换能得到一个更好的交易价格，Stellar则会选择走迂回路线。比如：

500墨西哥比索 → 202.1 XLM → 26.06美元

注意，用于中间转换流动性的“桥梁资产”XLM是Stellar发行的加密币，也可以是比特币或者是美元背书的稳定币（如Stronghold）等多种数字货币。Stronghold的背后，有位于内华达州的Prime Trust在美国联邦存款保险公司（FDIC）保险的银行中等值的美元存款作为抵押，因此是稳定币。

这个过程自动快速完成，维克多到手的是26.06美元。注意这是数字美元，拿着这26.06美元，他可以给全世界多个地方汇款，或者用来消费购物。如果他需要巴西里拉“现金”，他可在Stellar平台上把数字美元换成数字巴西里拉，然后由Stellar与巴西银行间的合作转换机制，最终兑现巴西里拉。

技术上来说，这家初创公司建立了一个区块链网络，连接多个区块链上的数字货币，让它们在这个网络上互动，实现多币种交易结算。Stellar 现在的跨国网络上在 72 个国家有支付地址，联结 48 种不同货币，有 46 个银行终端可将货币兑现。

策略上看，这种快捷便利又省钱的国际资金转移，是使用“国内提现”来达到“国际提现”的需求。在上面这个例子中，为了实现最后的取现过程，墨西哥的 Stellar 网点只需和墨西哥的银行进行“境内本币”转账；巴西的 Stellar 网点只需要跟巴西的银行进行“境内本币”转账。而中间关键性的国际货币传输过程，只需要在虚拟的无国界地球村中通过交易达成。

但是，这个模式其实并不是 Stellar 或者其他类似金融科技的发明，而是世界各地的人们在想方设法控制自身创造的财富的流向时，一直以来就拥有的智慧。很多地下钱庄一直以这种模式在运作。例如：

· A 想把 73 万印度卢比寄往其美国朋友 B 处，希望他收到 1 万美元等值货币，地下钱庄通过其网络找到一个身在美国的人 C，他要将 1 万美元换成 73 万卢比寄往印度的家人 D。于是，他让 A 在印度把 73 万卢比寄给 D，C 在美国直接把 1 万美元寄给 B。地下钱庄收中介费。

· 大部分情况下，地下钱庄使用自己的资金储备在两地操作。过程是，A 把卢比交给钱庄的印度网点，钱庄的美国网点就把等值美元发给在美国的 B。地下钱庄收手续费。这样的交易需要钱庄有稳定的资金储备。

这个古老的模式也是一种十分冒险的方式，关键问题出在“信任”上。这个问题在现行金融体制下是靠国家机器保障来解决的。而地下钱庄在多数国家是非法的，缺乏管制和束缚，也不可避免地加剧了信任问题。多年来，地下钱庄诈骗钱财的例子不少，因资金不足问题而破产走人的例子也屡见不鲜。

区块链的“共识性机制”则解决了“信任”这个关键性问题，为个人和企业解决自己的资产传输提供了保证，也为小银行和转账公司提供了一个全新的选择。Stellar 由分布在不同地方的服务器演算达成共识。共识机制产生的“分布式账本”及其极难篡改性使得交易板上钉钉，谁也赖不了账，可以保证安全交易。

跟 Stellar 的运行模式相似的另一个著名的全球转账公司是 Ripple。前面提过，作为非营利机构的 Stellar 希望帮助发展中国家那些无法与世界接轨的人实现小额跨境支付，而 Ripple 则是营利性质的，客户多在发达国家的银行和公司，目标瞄定大额传输。美国第二大银行美国银行就是 Ripple 的客户。Stellar 发行的加密币是 XLM，而 Ripple 发行的加密币是 XRP。很长一段时间内，全球的加密币市场上，XRP 以市值大约 70 亿排第三，仅次于比特币和以太钫，而 XLM 排名 12。[1] 2020 年 9 月 USDT 取代 XRP，排名第三。

JPM Coin

面对这些革新性的跨境传输发展，跨境传输的既得利益者——大银行和 SWIFT 并没有坐以待毙。

美国最大的银行摩根大通在 2019 年推出了 JPM Coin，用于机构客户（如苹果公司和富士康）之间的大额交易支付。这是一个保守得多的做法，因为 JPM Coin 不是一个独立货币，只是以美元背书的“实用代币”（Utility Token），每一个 JPM Coin 后面是一美元，可随时赎回，有资产负债表上 26 万亿美元净值作保，客户完全不需担心代币有赎回风险。这个实用代币的用途很简单——就是为了方便客户用摩根大通的“联

〔1〕 https：//coinmarketcap. com/.

盟链”来实现可靠和即时的货币传输。即使是隔着大洲大洋，客户间也能实现点对点即时传输。

世界上的其他大银行，如汇丰、花旗也在做类似的尝试，将摩根大通与他们区别开来的是，摩根大通拥有一个平台优势——从2017年开始，该银行就在其联盟链上构建了一个信息传输系统，叫做“银行间信息网络”（Interbank Information Network，IIN），现有397个成员，包括加拿大皇家银行和德意志银行。[1] 此信息交换系统和JPM Coin结合，实现机构间的大额跨境传输，正在小范围被试用。

与Stella和Ripple相比，摩根大通有如下优势：

·强大的IT防御设施，以防止客户账户被黑客攻击。

·久经考验的合规体系，以监控金融犯罪行为。

Stellar和Ripple作为货币交易和传输平台，跟Facebook一样，要合规运行自然须履行反洗钱等合规义务。但正如本文之前提到过的，这不是一个简单的工作。好的一点是，Stellar和Ripple的网络终端大多与银行连接，这个连结点有助于共享银行在合规领域多年的经验和成果。这是他们与比特币和Libra不同

〔1〕 https：//www. jpmorgan. com/global/treasury-services/IIN.

的地方——他们借助了银行的“风险鉴别”能力，承续了银行在国内结算中已有的便捷性优势。从设计上，这是一个将传统银行和加密币传输的强势相结合的模式。

但是，Stellar 和 Ripple 都有自己独立发行的加密币，并建立了内在的交易所，在虚拟空间中实现加密币与各个主权数字货币之间的转换。这个过程可将所有国家和地区错综复杂的法律监管统统略过，实现无国界操作，对各国政府监管而言挑战很大。

还有一点很重要，Stellar 和 Ripple 的交易所常用自己发行的加密币作桥梁资产来提供流动性，但加密币的币值常不稳定，有可能导致平台陷入资金充盈性风险。在这一点上，平台充当了银行的角色，亟须掌握控制银行常规风险的能力。最后，在法币兑现的节点上，Stellar 和 Ripple 需要依赖平台的运营网点和各国银行间的转换环节来完成。

可见，在使用“联盟链”等区块链架构来改革跨境货币传输的创新中，Stellar 和 Ripple 比 JPM Coin 走得远得多，注定将承受更多风险。而 JPM Coin 虽然没有如此让人兴奋，但阻力将更小，规模化的潜力和空间也更大。各国监管风险的举措将在相当程度上左右他们的命运。

B2B Connect 和中国银联

Ripple、Stellar、JPMCoin 远远不是唯一领头的跨境传输的创新者。早在 2015 年 9 月，一个旨在推动全球金融市场中的分布式总账智能协议的联盟组成了，主要解决金融操作中最为繁琐和昂贵的程序，其中重要的一项就是跨境传输。传统金融圈中的响亮名字——摩根大通、高盛、摩根士丹利、巴克莱银行、美国银行、德意志银行、瑞士银行等出现在这个联盟的成员名单中。但是，2016 年到 2017 年，摩根大通、高盛、摩根士丹利怀揣着自己的计划陆续退出，现在，该联盟仍然有 80 多个成员。

据悉，2019 年，VISA 签署了一项协议，使 FIS 的客户可以访问 Visa B2B Connect。使用区块链，无需使用 SWIFT 即可在国际范围内进行高价值公司之间的支付，但双方的银行都必须位于 B2B Connect 网络上。[1] FIS 是一家银行业解决方案的提供商，它目

〔1〕 https：//www. paymentscardsandmobile. com/is- visa - really - squaring - up - to - swift-with-visa-b2b-connect/.

前在130个国家/地区拥有20,000多个大额交易客户，每年转移9万亿美元资金。

VISA的B2B Connect网络比典型的最新数据库有更高的透明度和可追溯性。他们使用Hyperledger Fabric（一种由IBM部分开发、由Linux托管的区块链软件，提供了一个“模块化”的区块链框架和一种独特的共识方法，可实现企业间互动的规模化，同时还能保留企业所需的数据隐私）构建，并且花费了两年的时间才开始运行。

VISA的商业解决方案的全球首脑Phalen说[1]，B2B Connect致力于促进约15,000美元（及以上）的高价值B2B交易，约占125万亿美元跨境市场的10%，它为超过20,000家金融机构提供服务。FIS丰富的银行客户群可以根据需要选择使用B2B Connect进行付款。2019年5月，VISA与Mastercard竞标，顺利收购Earthport，[2] 该公司在87个国家/地区拥有直接银行业务关系，并且是Ripple的合作伙伴。

正如我们前面介绍的，在SWIFT的跨境传输模式中，大多数银行都无法与其他银行建立直接银行业务

〔1〕 https：//www. paymentscardsandmobile. com/is－visa－really－squaring－up－to－swift-with-visa-b2b-connect/.

〔2〕 https：//usa. visa. com/about-visa/newsroom/press-releases. releaseId. 16366. html.

关系，因此大部分付款是通过中介银行网络发送的。这通常是付款缓慢和延误的原因，高额付款尤其如此。通过使用 VISA B2B Connect，银行可以绕开这些层层叠叠的代理银行网络，快速更新账本，并实时追踪。

在大洋彼岸，中国的 VISA——中国银联与中国银行合作，使用银联的“银联全球速汇”业务，由“趣链科技”提供区块链底层技术，以记录和管理境外汇款人向境内收汇人汇款的关键信息，方便汇入、转接、收汇机构查询交易流转，实现信息的实时同步，已经将汇款信息查询效率从几十个工作日缩短到秒级。银联速汇目前已在美国、日本、新加坡、澳大利亚、英国、俄罗斯和吉尔吉斯斯坦等 45 个国家和地区开通。合作机构包括 CIBC 和 KB 等当地银行和 MoneyGram、XOOM、Transferwise 等 14 家专业汇款机构。通过这些机构提供的线下网点、官方网站和手机 APP 等服务渠道，境外汇款人可以向包括中国四大国有银行在内的 14 家中国境内银行的银联卡进行跨境汇款。中国境内持卡人直接以人民币收款，无需向银行支付手续费，到账时间一般不超过 12 小时。

无论是更具创新性的跨境交易和支付平台，还是传统银行和支付平台对跨境传输上所做的修补，他们的思路都一样——利用共识性技术，去除中间环节，提高效率。

无论是更具创新性的跨境交易和支付平台，还是传统银行和支付平台对跨境传输上所做的修补，他们的思路都一样——利用共识性技术，去除中间环节，提高效率。

比特币、Ripple 币、Stellar 币、Facebook 的 Libra 等来自传统货币圈外的“侵入者”要改变国际货币传输，障碍很多，速度处于蜗牛阶段。但是，当高盛、摩根士丹利、巴克莱银行、美国银行、德意志银行、瑞士银行等加入这个阵营的时候，传统的跨境传输已经感到危机四伏了。

SWIFT 的应对

现在，SWIFT 正在发展的一个新的跨境传输信息系统，叫做 GPI。

GPI 不是建立在共识基础上——作为享有盛誉的权威性中间人，SWIFT 不需要共识机制来获得信任。现在 GPI 已经得到 170 多个成员银行的支持。2019 年，GPI 在澳大利亚、新加坡和欧洲进行了试点，其设计借鉴了 Stellar 和 Ripple 利用国内即时传输的思路，并试图解决以下问题：

·最终受益人的银行不能实时验证受益人账户信息的问题。

举一个简单的例子，发起行的寄款客户张笑笑，要从美国一个社区银行寄2万美元给中国的哈尔滨银行的受益人张晓海。张笑笑在填写账户受益人时把张晓海的英文名写成了 Xiahai Zhang，漏掉一个字母“o”，或者在翻译的时候鬼使神差使用了台湾的翻译方式——Xiaohai Chang，这种小问题很多时候会让传输失败。然而，问题的发现通常要等到这2万美元已经越过好几个中间银行，例如摩根大通银行、中国银行、中国银行哈尔滨分行，层层经手以后，到达最终目的地——哈尔滨银行的时候才能发现。最终受益人的银行有不同的处理规则，偏于风险规避的小银行通常会将这样的转账原封不动地打回始发行。所以张笑笑在花费了一堆汇费以后，钱转了一圈又回来了，还得重新填表发送。

·银行间付账缺失或错误的问题——这是常见问题，要通过人工检查，耗时耗力。

·机构性大客户无法跟踪资金传输的问题：机构性大户有强烈的需求跟踪资金传输，以掌控相关的工作进度。

2019年，GPI在解决这些问题上已经取得进展，并且大大减少了跨境传输需要的时间。

中国民生银行的“民生环球速汇”就是基于SWIFT GPI的全球支付创新产品，旨在为企业客户提供覆盖全球的高效汇款服务，汇款当日即可入账，并供收款人使用。汇款人可以实时查询汇款状态，以及支付链条上所涉及银行的收费情况，而且支持汇款人提出“中止”或“撤回”请求，的确能用更少的钱提升客户的跨境支付体验、提高资金流转效率。

其实，要解决这些问题，区块链上的点对点传输具有巨大优势。而GPI通过不同的技术手段来解决，自然有其操作上的合理性。但是，这样做的一个直接结果是，不撼动跨境传输方式原有的框架和秩序——通过“关系银行”来传输，从效果上对国际金融圈内的既得利益者来说是最大的保护。如果SWIFT的中心地位被彻底撼动，将会显著影响现存金融秩序和霸权的施展，所牵涉的利害关系巨大。但是，GPI并没有完全将区块链排斥在外。现在，GPI已经在与区块链货币传输轨道合作，提高互操作性，以在小范围内达到即时传输[1]。其实，对SWIFT影响最直接、

如果SWIFT的中心地位被彻底撼动，将会显著影响现存金融秩序和霸权的施展，所牵涉的利害关系巨大。

〔1〕 https://www.pymnts.com/news/b2b-payments/2019/cross-border-payments-interoperability-2/.

最彻底的，是全球多个中央银行最终加入这个阵营，发行央行数字货币，以全面掌控本币的国际传输，剪除中间人带来的监控和风险。

央行数字货币
——主权货币控制“中心化”，国际传输“去中心化”

作为新兴市场国家货币战略的一部分，区块链基础上的央行数字货币为加强“中心化”控制提供了便利。

央行数字货币大多采取“私有链”和“许可性”验证，这两个设置不意味着平民化和权力下放，而是实现主权货币在控制上的“中心化”。例如，中国央行数字货币发行后，其便利性和快捷性将有助于夺回被腾讯和阿里巴巴等私营公司占据的移动支付的半壁江山。

> 中国央行数字货币发行后，其便利性和快捷性将有助于夺回被腾讯和阿里巴巴等私营公司占据的移动支付的半壁江山。

除了在国内加速“中心化”以外，央行数字货币还方便将本币的全球传输过程和信息掌控在主权国家的代理人手中。另外，“无纸化”还可节省生产和修补纸硬币的花费——这笔花费不小，例如，2018 年美联储为了发行和维持纸硬币花了8亿美元[1]。

央行数字货币的“可追踪化”将赋予央行对于金融活动直接的知情能力。央行数字货币一种是“批发”，通过现有的银行系统（如中国工商银行）；另一种是“零售”，直接面向消费者。每一项交易都在区块链上有永久交易的真实记录，在零售模式中，将不可篡改地呈现在央行前面。相较之下，传统金融的货币传输是通过各个商业银行和货币转账服务公司层层转账，数据保留在各自服务器上，其间不乏篡改记录和各种错误。

当然，“可追踪化”取决于区块链的设计，有的央行在推出数字货币时，专门通过技术设置，将某个币值以下的货币传输（如100美元以下）“匿名化”，不剥夺公民使用纸币一样的匿名待遇，保护隐私。无论这一点是否受到重视，“可追踪化”和不可篡改性使得监控更加容易，在有的国家，尤其是西方国家会引发“隐私权”的担忧。

我们生活的这个时代，谁掌握关键性数据，谁就掌握命运。此举的影响将会十分深远。

---

〔1〕 https://www.brookings.edu/blog/techtank/2019/12/13/the-current-landscape-of-central-bank-digital-currencies/.

传统货币跨境传输不光效率低，还将权力集中到“中间人”以及主要的国际性大银行手中。此过程给主权国家带来脆弱性——通过数个国际性中间机构的层层转账，主权国家的关键性金融数据暴露在他方控制之下。

同时，具有垄断性地位的信息传输机构为西方大银行所创办，受美国的直接影响。另一个由西方国家开创，在希腊雅典时代就已经试用过的“战争替代手段”——经济制裁，现在仍然掌握在西方国家手中。美国的金融制裁之手伸向世界各个角落，调动全世界的大银行为其工作，将这一手段的效果推上了历史高点。这个历史高点的一个支柱是美元的中心地位——切断美元供应将会失去购买基础性商品、技术和进行大量国际贸易结算的机会；另一个支柱，则是现存的跨境传输系统——监控任何币种的国际资金流动大图，以及美国大银行在层层关系银行系统中的中心位置。两者虽然有独立性，西方世界，尤其是美国对跨境传输系统的影响力，使后者成为西方实施制裁等诸多游戏规则的武器。二者结合，加强了国际金融领域权力的“集中化”。在全球化的经济贸易整合过程中，金融秩序也在整合，直到加密币和区块链横空出世，撕开了一个未来将会无限扩大的突破口。

利用区块链金融技术，各国央行采取的“去中心化”战略，加入“瓦解”传统跨境传输的阵营中来，这将大大加快既有秩序的消解。在技术设置上，去除中间人的结算功能可化解层层关系银行转账体制内在的“惰性”。这个惰性意味着，如果一个新兴力量如CIPS希望取代国际老大的地位，覆盖世界上大多数银行，它就需要与世界上主要的国际性银行——通常是西方大银行建立成员关系，才能把触角伸向世界每一个角落。而区块链上的点对点联系消除了对这个“建制派”（establishment）的依赖。对于新兴市场国家来说，这是自由化和颠覆性的力量。

利用区块链金融技术，各国央行采取的“去中心化”战略，加入“瓦解”传统跨境传输的阵营中来，这将大大加快既有秩序的消解。

虽然诸如中国之类的新兴市场国家仍然需要与他国贸易伙伴建立起专门的数字货币清算通道，才能扩大其国际影响，但是将这一努力置于区块链基础上，相比过去来说，机会和速度都大大提升了。

新兴市场国家过去用美元进行国际贸易结算、助力巩固美元中心地位的历史行将结束。正如中俄贸易结算已经从5年前的90%使用美元降低到50%使用美元一样，在取而代之的货币中，两国央行的数字货币将快速上升。比如，与伊朗的石油贸易将会用央行数字货币结算。其他的金砖国家也都是研发央行加密币最积极的力量。各国都在加大投入央行加密币的研发，在国际金融领域，利用技术突破来“摆脱中心”的进程已然成势。

改变底层设施的权力结构

加密币及其背后的区块链对传统行业的冲击，从国际支付、跨境传输、国际贸易延伸到了供应链、商业贷款、股票交易、知识产权等多方面，正在悄然改变世界底层设施的面貌。这些底层生态的改变，会让我们很快感受到，我们与这个世界的经济将以一个全新的方式交流，对于弱势群体来说，这是一次突破的机会。

这个过程中重要的一项就是资产数字化。“资产数字化”赋予了资产像货币一般的流动性，其转换、融资和传承将会以前所未见的灵活方式表现出来。其引发的革新也为传统经济、贸易圈中位于“边缘”的弱势群体找到了一个更为公平的平台。

资产的所属权，向来不是拥有者一个人说了算的，得有权威机构认证。资产的转移，也同样需要有权威性机构的认证。

采用共识性机制，区块链不光能验证货币的交易和传输，剔除“交易中间人”，还能认证各种资产，例如不动产、大宗交易商品、知识产权、信贷凭证、股权期权等等。所有这些以前需要具有公信力的机构来认证的财产和权益，现在都可以通过技术验证自动实现。

资产的数字化让资产本身脱离了权威中间人的控制和盘剥。

因为链上只有一个通过“共识”达到的“真实”版本。这个记录无外乎就是一个难以篡改的文件——在比特币的区块链上，这个文件记录的是资金的所有权和换手；在其他的应用场景中，这个文件记录了数字资产（如机器、铜矿、石油、权证）的拥有和转让。资产的数字化让资产本身脱离了权威中间人的控制和盘剥。

这种特有的信任传递产生的效率提升，注定会加速参与主体多方协作、改变各种资产的交易和运转。

纳斯达克、纽约股票交易所、东京股票交易所，德国和印度的证券交易所等都在研究，或已经在试用区块链技术，以提高交易结算过程。传统的交易过程因为牵涉交易员、中间人、管理者等多个非自动化的中间环节，程序繁琐，效率也低。2015 年，纳斯达克已经用自身开发的区块链分布式记账平台完成了第一个私有证券交易。[1]

区块链对供应链金融的影响，也将带来一个权力分散的效果。传统供应链上，离核心企业越远的配件供货商，越困于融资问题，作为供应链中最承担不起金融风险的实体，很多时候是他们用自有资金在赌博。从整个供应链来看，资金断层会影响贸易的高效运转，也会加速"赢者通吃"的不公平结果。共识性机制在供应链上有望成就"权证数字化"，结合链上可操作的智能合约，构成一股去中心的"平行化"的力量，让中小企业和中小投资者得以在一个更为公平的起点上前行。

现在，共识性经济的应用场景非常广泛，正在试用于开放性服务平台、金融、知识产权、数据交易、身份认证、公益慈善、医疗、物流、法律等对信息共享要求很高的诸多行业。这些应用场景的实现，需要共识性生态圈里圈外的主要合作实体联结起来，于是各种技术解决方式应运而生，各种防篡改、分布式记录的链接工具大大扩大了加密币和区块链的适用范围。2019 年中国赛迪的一个研究发现，中国企业也

---

〔1〕 https：//www. forbes. com/sites/ericervin/2018/08/16/blockchain - technology - set-to-revolutionize-global-stock-trading/#46857fb84e56.

正在这些领域积极投入（见下图[1]），并在其中很多领域居于领先地位。

企业	核心技术	企业	核心技术
百度	超级节点架构、链内 DAG 并行技术、可回归侧链技术和平行链管理	杭州趣链科技	微服务架构、自适应共识算法 RBFT、Raft
华为	共识算法创新、安全隐私保护、离链通道	北京太一云技术	跨链、多链
阿里巴巴	共识协议、跨链技术、智能合约语言、安全分析	青岛墨一客	异步智能合约调用、跨链互通
金山云	VPC 架构	北京泛融	PaaS 平台
迅雷	多链架构、独创的 DPoA+PBFT 共识机制	上海点融信息	跨链技术
东软	“区块链+边缘计算”融合架构设计、跨链协同	北京蓝石环球区块链科技	分片、跨链、侧链技术
360	区块链高性能交易、海量节点部署、共识算法以及密码安全技术	布比（北京）网络技术	跨链技术
海尔	多链部署	北京众享比特	ILP 技术、去中心的身份认证技术
腾讯	数据异构、多种共识算法	杭州秘猜	分层架构、智能合约平台
京东	底层架构设计、多核并行的高性能密码算法、多密码体系并行	大唐云链（青岛）	PaaS 平台
网易	加密储存技术、主链建设、去中心化价值交换	中链科技	多链集成、高性能运营的区块链云服务构架
小米	去中心化技术	成都链安	VaaS“一键式”形式化验技术
联想	分布式 P2P 技术	河南中盾云安信息	多链技术

〔1〕 https：//mp. weixin. qq. com/s/emKHi8X04budEpb8R1yvGA.

续表

企业	核心技术	企业	核心技术
微众银行	多链并行架构、跨链通信协议、可插拔的共识机制与隐私保护算法、支持国密算法	智链数据科技（南通）	底层平台
杭州云象	多链架构、基于GPU加速验签、基于FPGA并行处理区块读写、公共链协同管理	浙江数秦	多链交互
北京阿尔山	跨链	无锡井通网络	去中心化底层技术
深圳市网心	分布式技术	苏州超块链信息	超快链技术
北京天德	双链式账本技术、并行拜占庭容错算法	西安纸贵互联	自主研发Zig-Ledger联盟链，高性能商用区块链服务平台Zig-BaaS
复杂美	Chain33高效区块链架构	井通至尚	跨链技术

从“天使”到平民化的融资方式

在共识性金融平台中，资产数字化赋予创业者一个全新而灵活的融资方式——ICO。这种融资方式释放了那些缺乏资金和人脉、处于传统投资圈边缘的早期创业者的创造力。不仅如此，这些创业者得以跨越民族国家的界限，在世界范围内融资。真正有才华的团队将会有众多无国界的投资人站在身后，缔造小蚂蚁成就大事业的传奇。

一位在中国香港的区块链创业者刘闯闯有一个想法——创造一种加密币，暂且叫“通币”，以解决港口物流中的信任问题。港口物流中经常出现的问题是，有人说要按时送一个集装箱的物品来托运，装船运走，结果到了时间却不见人。很多人一辈子可能就运一次集装箱——搬家，而有的企业会因为供应链上的各种原因而放鸽子。总之，发生这种事情的概率不小。在这种情况下，承运人空载离开就会受到很大损失，因此航运公司通过“超额预订”来弥补预期的缺席人数，从而保障船只的利用率。大家都知道超额预订的问题，当所有预订者都到的时候，注定有人的托运必须延期。这就像航空公司常做的一样，他们总是超额售票，有一天所有的人都来了，一定坐不下，如果没有人自愿放弃当天的票权，航空公司就会硬性命令乘客下去。2016 年美联航强行把一位华裔男子拖下飞机的事件，全世界都看见了。

在海运问题上，因为这样的原因，一次性的船运货物寄送者常被歧视，承运方依赖中间人鉴别客户信用问题，依赖银行来收放款和融资。刘闯闯要发明的这个“通币”就是要通过链上的智能合约（Smart Contract）来自动执行合同，避免超额预订，同时又保障承运方立即获得赔偿。这个方式避免了中间人(包括掮客)、银行甚至律师环节的繁琐过程。传统交易中，依靠银行缴纳或退回违约金——该过程有时还需要律师介入，有延迟，并需缴费。而“通币”在这个过程中用以支付转账之用，其记录不会篡改，支付没有延迟，也不需要向第三方付费。

这个想法听起来不错，事实上，全世界海洋货运业负责运输全球贸易中 95% 的货物，但海洋运输依然高度依赖各方面具有权威、值得信任的人或机构来认证，使用大量的纸质文件，效率很低。IBM 开发的一个共享的分布式账本，利用区块链的“透明度”和“安全性”追踪整个供应链中的集装箱路径，减少延迟，减少错误，并为各方节约成本。[1] 例如鲜花的海洋运输，从种植者到零售商，运送过程很复杂，一次运输可能需要 30 个独立组织的签字，而且要经过多达 200 次沟通。一份丢失的表格或延迟的审批，将会使集装箱困在海港，整个流程可能会花费一个多月的时间。IBM 港口物流的区块链信息平台大大节省了时间。

虽然港口物流的区块链解决方式空间大，蛋糕大，但任何一个自身没有资本和后台的人，如刘闯闯，若想占据一席之地，就需要一定的资金投入。公司尚无任何收入，刘闯闯原有的选择是——去银行或者风投那里募集资金。在什么都没有的时候，刘闯闯需要的是“天使”投资人的支持。然而，如果刘闯闯没有人脉，在融资圈的边缘以外，则很难梦想成真。并且，这些投资者如果愿意投资，通常是要以股份为回报的。现在有了 ICO 这种募资形式，刘闯闯团队就多了一个选择——出售“通币”，相当于预先出售服务币，以众筹的方式获得早期资金，还可以不需

[1] https://www.ibm.com/downloads/cas/ZX7ZDYZJ.

让渡股权。

早期看得懂这个商业模式的人通常是加密币圈内的人，ICO 投资是以比特币、以太坊等加密币形式存在的。这意味着，初创公司可吸纳来自全球的投资，到款速度还极快。此后，如果“通币”形成气候，其物流网服务供不应求，还可选择在各种数字货币交易所挂牌交易，通过主流融资渠道直接获得美元等资金。

简言之，ICO 就是将某种产品或权益以“数字货币”的方式售卖出来，购买者也需要使用加密币等数字货币来换取这个新的数字货币，给早期的创业者开创了一条“非天使”的、来自全世界的融资渠道。

简言之，ICO 就是将某种产品或权益以“数字货币”的方式售卖出来，给早期的创业者开创了一条“非天使”的、来自全世界的融资渠道。

现在，ICO 融资已经从最初的区块链核心技术开发发展到方方面面。

在监管缺位下，任何人都可以发起 ICO，发行的数字货币可以是具有特定服务购买力的实用性代币（Utility Token），也可以代表公司的股份或基金等的所有权凭证。但这个界限并不总是这么泾渭分明。如果实用性代币升值空间大，获得者就可得到可观的投资收益。

世界上发行的第一个 ICO 是 2013 年 Mastercoin。2014 年，以太坊开始了著名的 ICO，在最初的 12 个小时内就募得 3700 枚比特币，相当于当时的 230 万美元。2015 年以太坊在全球各大加密币交易所挂牌交易，价格一度飙升 1000 倍以上，目前在所有加密币中总市值仅次于比特币。

2017 年以后，ICO 开始被广泛关注。2017 年 10 月，ICO 一共募集资金 23 亿美元，是 2016 年的 10 倍。[1][2] 2018 年 ICO 迎来了又一个高峰，仅 2018 年 3 月就募集了 29 亿美元。Telegram—— 一个俄罗斯人创办的、类似于微信的社交 App 通过 ICO 募集了 18 亿美元。[3] 当时，委内瑞拉的石油币 Petro 的 ICO 也获得了 50 亿美元[4]。

据中新网报道，《2017 上半年国内 ICO 发展情况报告》发现，2017 年上半年，面向中国提供 ICO 服务的相关平台共计 43 家，已经完成的 ICO 项目累计融资规模折合人民币总计 26. 16 亿元，累计参与人次达 10. 5 万；此外，ICO 融资规模和用户参与程度也

---

〔1〕 https：//siliconangle. com/2017/08/25/initial-coin-offerings-exploding-companies-can-avoid-landmines/

〔2〕 https：//www. bloomberg. com/news/articles/2017-07-25/bankers-ditch-fat-salaries-to-chase-digital-currency-riches

〔3〕 https：//cointelegraph. com/news/from-2-9-billion-in-a-month-to-hundreds-dead-trends-of-the-rollercoaster-ico-market-in-18-months

〔4〕 https：//www. ccn. com/venezuelan-president-claims-petro-pre-sale-raked-5-billion/

呈加速上升趋势。[1]

金融科技分析研究公司 Autonomous 的数据则显示，中国参与 ICO 人次总数高达 200 万；ICO 平均每周销售量从 2016 年的 1.5 个，上升到 2017 年前 4 个月的 2.75 个，几乎翻了一番。同时，初创公司 2020 年使用货币数字加密技术共筹集资金 130 亿美元，远超区块链初创公司获得的 VC 投资总额，较 2016 年增长 6 倍。

从地域上看，美国、俄罗斯和英国发行的 ICO 最多，而瑞士发行 ICO 获得的融资居前三位。

现在，ICO 已经成为重要的资本市场活动。据估计，仅在 2018 年上半年，通过代币销售筹集了总计 100 亿美元，ICO 越来越能与传统的 IPO 和风险资本市场竞争——ICO 市场定义为开放式、区块链筹集的资金，通过代币销售募集的资金分别占传统 IPO 和风险投资市场的 45% 和 31%。2018 年第二季度 ICO 约为 72 亿美元（据 Coindesk），IPO 市场募集资金 160 亿美元（据普华永道），美国风险投资市场同期募集了 230 亿美元（据 CB Insights 和普华永道）。[2]

ICO 越来越能与传统的 IPO 和风险资本市场竞争——ICO 市场定义为开放式、区块链筹集的资金。

〔1〕 http：//www.xinhuanet.com//fortune/2017-09/15/c_1121669643.htm

〔2〕 https：//www.acc.com/sites/default/files/resources/vl/membersonly/Article/1489775_1.pdf.

总之，世界金融生态中的权力漂移，大到可影响一国金融命脉的底层设计架构、塑造其抵御全球金融风险的弹性，广到可以为每一个平民带来机会、福祉和危害。一方面，“怎么管”是一个国家战略问题；另一方面，各主权国家的管理策略也将塑造世界金融生态的权力转向。

第四章

“怎么管”是国家货币战略问题

这本书写到此处，想必读者已经领略到了不同类型的加密币和交易所对世界金融秩序的潜在颠覆性力量。一个国家怎么来管理这个全新的庞然大物，关乎国家的金融战略，包括主权货币的国内国际抱负以及治理民间经济形态的方式。

监管加密币及其金融生态，对所有国家都是新鲜事物，源于不同的政体和治理哲学，不同国家有着不同的策略。被一些国家视为极具威胁性和破坏性的加密币交易所和 ICO 融资，在美国和欧洲得到了很大的发展空间，虽然美国比欧洲的限制更多。现在，欧盟主要成员国和美国都有了更为严格的加密币监管法律法规。英国脱欧以后，欧盟法律对其并无强制性，但还是自愿接受了 2018 年欧盟共同制定的加密币反洗钱法律[1]。中国香港、新加坡、日本、韩国则在渐趋完善的监管体制中，将加密币的交易和融资放上台面，希望通过更为透明的信息互动来打击金融犯罪，同时用严格的监管来保护消费者和投资人利益。

笼统地说来，西方大多数国家的监管基于这样一个前提——承认特定加密币的“货币”“资产”和

---

〔1〕 https：//eur-lex.europa.eu/legal-content/EN/TXT/PDF/? uri = CELEX：32018L0843.

“证券”等多种特定属性，将加密币交易所作为“银行”和“货币传输机构”来管理。

这就麻烦大了——需要管理的内容很多，包括反洗钱和反恐融资、证券操作、保障消费者合理预期的存款保险、用户数据安全保证、交易所对诈骗性交易负责、保障服务的及时性和消费者的知情权等。处处是风险，治理成本很高。

相比之下，中国政府从2013年开始不承认比特币的货币和支付地位，[1] 只承认其商品和资产地位，并提出了金融机构“不得”开展与比特币等虚拟货币相关的业务。在2017年9月4日，央行等七部委发布了《关于防范代币发行融资风险的公告》，定性“所有的”ICO涉嫌从事非法金融活动，严重扰乱经济金融秩序。认定ICO本质上是一种未经批准的、非法的、公开融资的行为，涉嫌非法发售代币票券、非法发行证券以及非法集资、金融诈骗、传销骗局，包括合同诈骗、洗钱等。自此，ICO的发行在中国被全面禁止了。[2] 同时对国内的虚拟货币发行、交易平

〔1〕 http://www.csrc.gov.cn/pub/newsite/flb/flfg/bmgf/zh/gfxwjfxq/201401/t20140122_242972.html.

〔2〕 http://www.csrc.gov.cn/pub//guangdong/xxfw/tzbhfwzx/201904/t20190418_354461.htm.

台进行严格整治，在《关于防范代币发行的融资风险的公告》[1]中提出，“任何代币融资交易平台不得从事法定货币与代币、‘虚拟货币’相互之间的兑换业务，不得买卖或作为中介替对方买卖代币或‘虚拟货币’，不得为代币或‘虚拟货币’提供定价、信息中介等服务”[2]。这个“连带管制”的结果是关闭了中国的大量交易所，包括BTCC和OKCoin这些中国曾经最大的交易所，以人民币计价的虚拟货币交易量从一度占全球交易量的90%以上，下降到不足1%。[3]

为什么监管的差异这么大？

我们认为，这股新生经济力量现在正处于乱象丛生的发展阶段，如果想给私营的加密币生态圈足够的空间去成长壮大，政府监管就必须跟上，监控系统也必须向更加复杂和高级的方向演进生长。

杜绝风险、避免高额代价，是中国监管战略的一个重要出发点。

---

〔1〕 https://www.google.com/url?sa=t&rct=j&q=&esrc=s&source=web&cd=1&cad=rja&uact=8&ved=.

〔2〕 http://www.csrc.gov.cn/pub/newsite/zjhxwfb/xwdd/201709/t20170904_323047.html.

〔3〕 https://www.forbes.com/sites/sarahsu/2018/02/07/china-serious-about-ending-icos-cryptocurrency-exchanges/#64a6d25b5675.

中国政府一方面严控民间加密币，另一方面扶持能够提高贸易和商业过程效率的区块链行业，同时由央行发行加密数字货币，采取的是全国一盘棋、国家PE（私募股权投资）的战略模式，将有限资源（如使用区块链分析师进行监控操作的成本）用到政府认定的“刀口项目”上。现在看来，中国已经在区块链专利数上大大领先于欧美等国。而欧美国家从国家战略层面来看待加密币和区块链，则是过去两三年的事。欧美没有国家PE这个传统，或者彼时尚未看到加密币和区块链的巨大潜力，正如欧美国家当时没有看到5G通信的巨大潜力一样。无论是区块链还是5G，在开拓的过程中，很多时候都是在跟巨大风险对赌，即使到现在，要看清前方仍然不是一件容易的事。

各国制度加密币监管政策的另一个重要出发点，是国际资金的流向趋势。民间资金的跨国转移对谁更有利？当然是对资本流入国。民间的加密币对主权货币构成挑战，并且大大方便了资金的“跨国转移”。中国政府禁止加密币与法币及其他币种兑换，这就堵住了“主流货币资产”通过加密币实现跨境流动；相较之下，美国、欧洲等地区，只要资金来源合法、不用于违法意图，跨国资金转移本身不受太多限制。

民间资金的跨国转移对谁更有利？当然是对资本流入国。

撇开权力问题不说，作为资本流入国，国际资金自由流动本身不会造成大量国民资产流失。例如，对美国这样的国家来说，资金的自由流动意味着他们能将全世界更多的资金集中到本国。自 2006 年起，美国一直是世界上最大的外商直接投资受益国。[1] 在世界银行对全球 2020 年营商环境便利性的评比中，美国仍居第六位，在对世界有显著影响的大国中排名第一。任何形式资产流动的无边界化，都将有利于这样的吸金国。

不光是中国，新兴市场国家如泰国和韩国，也都开始了全面或大规模禁止加密币的挖矿、交易和融资等行为。更重要的是，这也反映了另一个差异——不同的政体治理模式的差异。

事实上，加密币和区块链技术对经济、社会安全带来的影响是深远和难以参透的。这股从草根中升起的力量，对习惯于私营民间经济为主导的社会来说，带来的更多是希望大于恐惧、机会多于风险。在这样的政治环境中，民间共识性经济具有巨大的空间去成长、演变和壮大，而政府监管也随之向更加复杂和高

〔1〕 https://obamawhitehouse.archives.gov/sites/default/files/docs/cea-doc_2013_foreign_direct_investment_in_the_us.pdf.

级的方向演进，其法律设置更加侧重于保护消费者和投资者的自由选择、利益和隐私。相较之下，在政府主导经济的国家，新兴的民间力量有截然不同的特点，政府倾向于把支配权抓在手中，采取的政策常常重在防御其风险性和破坏性。

对于新加坡、瑞士、中国香港等地，其 GDP 都在相当程度上依赖其全球金融枢纽的角色，他们关心如何延续金融枢纽地位。由于承担不起被历史淘汰的后果，他们的思路是加紧确立在新兴加密币金融体系中的链接功能，在发展加密币和多币种整合系统方面提供大量的政策支持。由于共识性金融生态消解了“传统权威”的必要性，马耳他等国看到了“弯道超车”的机会，正在争取获得共识性金融生态的新中心或枢纽地位。

下面我们从监管中的主要问题开始，展开来看。

逃避制裁监控、反洗钱、反逃税的新载体

在监控乏力的早期阶段，加密币平台犯罪活动猖獗。有的平台主动把犯罪分子作为客户基本盘，专门去纵容网络犯罪的网站发布广告，引导他们通过比特币洗钱、规避各种监管。一桩早期地下交易所的案件“自由储币”（Liberty Reserve）就是个典型例子。

自由储币于2006年在哥斯达黎加注册成立。自由储币从来不对客户身份做任何尽职调查，只问电子邮件地址，并允许个人开设无限多个账户。如果缴纳“隐私费”，用户就可以在系统内转移资金时不须显示任何账号或账户信息。自由储币的客户当然是全球性的，一旦账户建立，自由储币就可立即向全球任何地方的其他用户快速转移资金，比传统支付快数十倍。

其创始人Budovsky曾经在美国经营虚拟货币平台，因涉嫌多个洗钱案件被查。在搬到哥斯达黎加，

更名“自由储币”后，Budovsky 认为从此不必担心美国管制，去经营庞氏骗局、贩毒等的犯罪网站大打广告，称可以为他们提供便利。自由储币迅速成为全球网络犯罪洗钱的一个中心。2012 年，其月营业额已达 3 亿美元。自由储币平台在世界范围内存储、转移和洗白多种非法收入，卷入身份欺诈、信用卡盗用、网上欺诈以及发放恶意软件等多个案件相关的洗钱案。

创建于 2011 年的 BTC-e 是由俄罗斯人 Alexander Vinnik 操作的、世界上最大的几个加密货币交易所之一。建立之初，Vinnik 和其他操作人员就发展了一个严重依赖犯罪分子的客户基础。BTC-e 允许用户在交易所的交流平台上公开交流犯罪活动，其客户代表在多个纵容网络犯罪的平台上，指导客户如何将非法所得的毒品收益处理为合法收益；还为多项毒品洗钱、盗窃身份、逃税和电脑入侵解套提供支付；另外，BTC-e 还涉及史上最有名的 Mt. Gox 案件中 30 万被盗比特币的洗钱案。[1]

---

[1] U. S. Department of Justice. 2017. “FinCEN Fines BTC-e Virtual Currency Exchange $110 Million for Facilitating Ransomware, Dark Net Drug Sales.” Assessed July 7, 2019. https://www.fincen.gov/news/news-releases/fincen-fines-btc-e-virtual-currency-exchange-110-million-facilitating-ransomware.

另据报道，特朗普“通俄案”中涉嫌的俄罗斯间谍就是用比特币来购买黑客所需的技术装备。

新金融基础设施在犯罪者面前很脆弱

2017年7月10日，全球比特币市场暴跌21%。在这猝不及防的关口，中国区主要的交易所BTCC和OKCoin却遭遇了系统故障，大量投资者在“抛售潮”期间无法登录操作，尤其是那些玩杠杆交易的投资者，损失惨重。据报道[1]，住在广西的中国贸易商Walle Wei说，2015年7月10日他在OKCoin.com上使用借入资金，进行比特币期货和莱特币（Litecoin）的交易。这意味着他只需要出具10%的资金，即可进行交易。以如此大的杠杆进行交易意味着，价格的小幅波动要么会消灭他的头寸，要么会大大放大他的收益——总之，风险很大。但是，莱特币的价格并没有像他所希望的那样上涨，反而开始下跌，而OKCoin

〔1〕 https：//www.reuters.com/article/special-report-virtue-coin-hacker-1004-id-CNKCS1C90F5

的网站却放慢了交易速度，交易停滞，使得他无法及时买卖。当他重新能够上线交易时，他的合同已被清算。据他说，他损失了3136枚莱特币，按当时的价格折合约12,500美元。

OKCoin在其博客上回应，该事件是因为黑客“大规模攻击”。这些黑客对其网站使用巨大的流量攻击，阻止了某些用户访问其账户。7月13日，Walle Wei遭遇了第二次类似的比特币事件。他说，该交易所的网站无法访问，他的合同已被清算，损失了57.9个比特币，按当时的价格折合约16,900美元。他向OKCoin抱怨，OKCoin随后弥补了比特币损失的15%，免除了一个月的交易费，并给了他手机充电器。

全世界的黑客都有很强的动机攻击加密货币交易所。现在已经有多个交易所被攻陷，加密币被偷走。非政府组织，甚至处于“地下”的加密币交易系统，在强大的黑客攻击面前常常很脆弱[1]。

加密币历史上最著名的比特币被黑疑案——Mt.

---

〔1〕 Baron, Joshua, Angela O′Mahony, David Manheim, and Cynthia Dion-Schwarz. 2015. “National Security Implications of Virtual Currency: Examining the Potential for Non-state Actor Deployment.” Assessed July 7, 2019. https://www.rand.org/pubs/research_reports/RR1231.html.

Gox 案，在国内币圈被称为“门头沟疑案”。当然这跟北京的“门头沟”毫无关系。只是英文发音跟“门头沟”相近，说的是总部位于日本东京涩谷的比特币交易所。作为当时最大的比特币中介机构和世界领先的比特币交易所，该交易所于 2010 年 7 月启动，到 2013 年至 2014 年，处理了全球所有比特币（BTC）交易的 70%以上。但是在 2014 年 2 月底，它就宣布破产了。[1] 门头沟称，破产的原因是约有 850,000 个属于客户和公司的比特币丢失，很可能是被盗，这些比特币按当时的价格折合超过 4.5 亿美元。这不是门头沟第一次遭遇被盗。2011 年，该交易所一个审计员的电脑被黑，黑客进入交易空间，人为地将比特币的交易价格改为 1 美分一枚，然后从交易所顾客的账户中转走了 2000 个比特币。

门头沟疑案的细节直到现在仍然是个谜。其 CEO Karpeles（后来 Ripple 的创始人）在日本被逮捕。他在东京法院接受审讯的秘密级别非常高，庭训细节没有公布。2017 年，Karpeles 被保释以后自愿透露，在他自己的冷藏库[2]中找到了 20 万个比特币，按当时

〔1〕 https：//www. chainnews. com/articles/016188856971. htm.

〔2〕 冷藏库通常被认为比在线钱包更安全；它涉及离线存储比特币，即与任何 Internet 访问完全分开，使比特币保持离线状态可大大减少黑客的威胁。

的价格折合超过 10 亿美元，于是法院立即停止门头沟的破产程序，要求使用这些比特币为 25,000 名客户支付赔偿金。

另外 65 万枚的比特币是如何被偷走的，其走向如何，各国警方仍然在侦查过程中。据悉，来自门头沟的 30 万枚比特币在俄罗斯人 Vinnik 开设的交易所 BTC-e 中被洗白。[1]

2017 年到 2018 年这两年间，世界上最大的黑客攻击目标中，日韩占了大部分。[2]

2018 年前三个季度被黑客偷走的加密币价值高达 9.5 亿美元，大多是在日本和韩国被盗。[3] 2018 年 1 月，日本最大的比特币交易所之一 Coincheck 遭到黑客攻击，5 亿多枚 NEM 币丢失，折合 5.3 亿美元。[4] 位于新西兰的 Cryptopia 是 2019 年第一个遭受黑客攻击的加密币交易所。攻击者在 1 月从该交易所移走了相当于 1600 万美元的加密币。2019 年 3

---

〔1〕 https://www.theverge.com/2017/7/29/16060344/btce-bitcoin-exchange-takedown-mt-gox-theft-law-enforcement.

〔2〕 https://www.theverge.com/2017/7/29/16060344/btce-bitcoin-exchange-takedown-mt-gox-theft-law-enforcement.

〔3〕 Ciphertrace Intelligence. 2019. “Cryptocurrency Anti-Money Laundering Report, 2018 Q4.” Assessed July 7, 2019. https://ciphertrace.com/wp-content/uploads/2019/01/crypto_aml_report_2018q4.pdf.

〔4〕 https://www.bbc.com/news/world-asia-42845505.

月，韩国加密币交易所 Bithumb 在不到一年的时间内第二次遭到黑客攻击，损失合计超过 1300 万美元。早在 2018 年 6 月，该交易所就因黑客攻击损失了相当于 3000 万美元的加密货币。[1] 同年，创始人和主要操作者原来在中国，注册在开曼群岛的币安（Binance）公司，因黑客攻击损失了 7000 枚比特币，按照当时的市场价格折合 4000 万美元。[2]

---

〔1〕 https：//www. coindesk. com/crypto－exchange－bithumb－hacked－for－13－million－in－suspected－insider－job.

〔2〕 https：//www. bloomberg. com/news/articles/2019－05－08/crypto－exchange－giant－binance－reports－a－hack－of－7－000－bitcoin.

推陈出新的欺诈花样

人类历史上任何阶段，只要有监管真空，就会有罪恶，于是不乏诈骗案件。犯罪分子利用加密币和区块链导演的金融欺诈越演越烈。根据位于硅谷的加密币情报公司 CipherTrace[1] 的一项新研究，2019 年，位于韩国的 Plus Token 加密币钱包和据称位于韩国的庞氏骗局欺骗了数百万投资者价值 29 亿美元的加密币资产。注册于保加利亚的 OneCoin 骗局可能被视为历史上最大的金融欺诈。尽管美国检察官指控该骗局造成的损失约 40 亿美元[2]，但有机构预计可能超过

〔1〕 https：//ciphertrace. com/wp-content/uploads/2019/09/CipherTrace-Cryptocurrency-Anti-Money-Laundering-Report-2019-Q2-3. pdf.

〔2〕 https：//www. bloomberg. com/news/articles/2019-12-10/three-men-are-charged-in-722-million-cryptocurrency-fraud.

伯尼·麦道夫（Bernie Madoff）的173亿美元庞氏骗局[1]。自由储币的创始人 Arthur Budovsky 早就在美国运营过另一家虚拟货币交易平台“Gold Age”。当时他就看出，诸如网上庞氏骗局这样的高风险、高收入投资项目很喜欢用他这个平台，于是特意去这样的网站做广告。

什么是庞氏骗局呢？就是以虚假的高额回报来诱骗投资人，实际上新的投资人的钱被用来给前面的投资人发利息，没有任何利润产生，或者产生的利润远远不及承诺和发放的投资回报。该诈骗形式源于查尔斯·庞氏（Charles Ponzi），当时他用90天50%的回报来引诱投资人。

庞氏骗局通常长不了。如果投资者发现端倪，开始大规模撤回本金，操盘手资金短缺、毫无盈利的情况就会暴露。以麦道夫庞氏骗局为例，麦道夫是华尔街资深做市人，曾帮助建立纳斯达克股票市场，并担

---

〔1〕 https://ciphertrace.com/q4-2019-cryptocurrency-anti-money-laundering-report/?utm_campaign=Search+%7C+AML&utm_source=adwords&utm_medium=ppc&utm_term=%2Bcryptocurrency%20%2Blaundering&hsa_acc=3197964388&hsa_mt=b&hsa_ver=3&hsa_src=g&hsa_net=adwords&hsa_grp=71659208131&hsa_cam=1692393539&hsa_kw=%2Bcryptocurrency%20%2Blaundering&hsa_tgt=kwd-488065273164&hsa_ad=418837466128&gclid=EAIaIQobChMI2tHmjY3G6AIVkovICh0W-ABgEAAYASAAEgIwJvD_BwE.

任过主席。他当时也是美国证券交易商协会理事，并就证券交易向证券交易委员会提供建议。他的名声吸引了千万投资人。但是，当他的客户要求70亿美元投资回报的时候，他手里只有2—3亿美元。[1]

在2009年麦道夫被判150年监禁的时候，这个骗局已经运行了长达20年以上。2013年，美国银行、摩根大通银行因为在反洗钱上严重失职未发现麦道夫骗局，被美国司法部罚款26亿美元[2]。

将庞氏骗局移植到加密币和区块链上，对于操盘者有诸多好处——匿名、难以追责、洗钱方便迅速，因此成为庞氏骗局的新网点。

将庞氏骗局移植到加密币和区块链上，对于操盘者有诸多好处——匿名、难以追责、洗钱方便迅速，因此成为庞氏骗局的新网点。另一方面，通常大骗局的操盘手看起来是完全合法的，他们把加密币作为一个新的投资热点来骗钱。前面提到过的OneCoin就是一个基于虚假区块链加密币之上的一个庞氏骗局，用传销方式销售，用后来者的资金哄抬币价，让参与者感觉收益颇丰。实际上这个加密币完全没有任何内在价值，不可用于购买任何服务和物品。然而，这个骗局却在2014年到2016年间产生了38亿美元的收入，

〔1〕 https：//www. businessinsider. com/how-bernie-madoffs-ponzi-scheme-worked-2014-7.

〔2〕 https：//www. reuters. com/article/us - jpmorgan - madoff - deal/decades - long - ties-to-madoff-cost-jpmorgan-2-6-billion-idUSBREA060JL20140107.

在全世界诱导了三百多万的参与者。其始作俑者于2019年在洛杉矶国际机场被逮捕，包括中国、英国、爱尔兰、意大利，加拿大、乌克兰等多国都参与到调查中。其中，中国起诉了98人，追回了17亿人民币的被骗资金。[1]

事实上，金融业内人士多次警告比特币泡沫。俄罗斯中央银行行长纳比卢那说，比特币交易是一种“金字塔骗局”。沃伦·巴菲特认为，“加密币几乎一定会是个坏结果。如果我能够买入长期看跌期权，我能买入每一种加密币的五年看跌期权，我会很高兴这么做。”[2] 2019年，加拿大最大的加密币交易所QuadrigaCX发生了惊人的崩盘，据估计投资者损失了1.95亿美元。

ICO作为新融资方式的开拓者，也成了犯罪分子推陈出新、检验各种诈骗创意的舞台。中国监管层相关人士指出，“中国境内90%的ICO项目‘涉嫌’故意诈骗”[3]。由于没有公开的研究方法，因此很难评估数据和结果的可比性。

---

〔1〕 https://www.bloomberg.com/news/articles/2019-03-08/onecoin-leaders-charged-in-u-s-with-operating-pyramid-scheme.

〔2〕 https://www.bbc.com/zhongwen/simp/business-42660591.

〔3〕 http://www.pbcsf.tsinghua.edu.cn/Upload/file/20171026/20171026142221_1122.pdf.

在美国，利用名人的名气来招揽投资者也是很多欺骗性的ICO发行者的惯用伎俩。2017年，美国拳击巨星弗洛伊德·梅威瑟和哈立德利用他们的名气推广Centra的ICO，为之募资3000万美元。现在随着美国对ICO的管控措施出台，Centra卷入了集体诉讼，梅威瑟和哈立德在社交媒体发布的关于Centra ICO的帖子早已不复存在。

有研究发现，2017年发行的、市值至少有5000万美元的ICO中，近80%皆属诈骗。[1] 只有大约14%的ICO成功进入在全球数字货币交易所上市的阶段。这个研究报告是总部位于纽约的Satis Group咨询公司发布的，该公司也是一家专注于数字资产投资的银行。

在这个研究中，研究者选取了市值至少有5000万美元的ICO，然后将他们分成六组——诈骗、失败、死亡、消退、有潜力和成功。后三组，包括消退、有潜力和成功类型的ICO是仍然在指定的虚拟货币交易所上市交易的项目，而前三组则是已经没有任何希望的项目。ICO诈骗是指那些在推销的过程中完全看不出骗局端倪和危险信号的项目，但实际上是一

〔1〕 https://research.bloomberg.com/pub/res/d28gW28tf6G7T_Wr77aU0gDgFQ.

场骗局，他们或许根本就没有打算做白皮书上承诺的工作，或者早就想好了将资金兜走的退出渠道，所以不同于失败的ICO。

失败的ICO是指在ICO进程中成功筹集了全部/部分资金，但它们并未完成整个ICO流程，在中途被放弃，或由于ICO资金不足而退还了投资者的资金。死亡类别是指设法通过了标准ICO流程，按要求筹集了资金，但由于其他挑战和复杂问题，未能在交易所上市的项目。

这个研究发现，78%的ICO被证明是骗局。2017年ICO总融资额为119亿美元，其中有13.4亿美元（11%）属于欺诈，绝大部分集中在三个最大的欺诈项目——Pincoin（6.6亿美元）、Arisebank（6亿美元）和Savedroid（5000万美元），合计13.1亿美元。这表明，尽管大量ICO是骗局，但与整个行业相比，它们获得的资金较少。但是在故意诈骗案以外，其他类型的失败率也很大——4%属于“失败”，而3%属于“死亡”，4%是消退，剩下7%成功，3%有潜力。可见，ICO本身就是一个风险相当难以评估、技术不确定性很大的领域。

ICO本身就是一个风险相当难以评估、技术不确定性很大的领域。

2018年7月，美国重量级科技类博客TechCrunch根据Coinopsy和DeadCoins的数据发布了一份报告，发现截至2018年6月30日，已经有1000多个加密币项目“死亡”，其中Coinopsy发布有247个“死去的”加密币，DeadCoins发布有830个“死去的”加密币[1]。

---

〔1〕 https：//cointelegraph. com/news/new-study-says-80-percent-of-icos-conducted-in-2017-were-scams.

全球监管格局
——欧美制定规则，他国另起炉灶

反洗钱、反逃税

去中心化的加密币天生难管。大多数行之有效的传统监管制度是建立在“中心化”制度上的，面对加密币去中心化的传输难以奏效。如果说主权货币的传输系统是一个“闭合性”系统，每一个传输都能通过“中央”管理系统监控的话，“去中心化”的加密币传输是一个“开放”的“平行”系统，用户间可以点对点传输，则很难追踪。在“去中心化”的系统中，即使发现洗钱、逃税问题，也很难通过位于中央节点的管理人来实施“拒绝支付”等传统银行得心应手的止损方式。

操作上，加密币对反洗钱和反逃税的最大挑战是

操作上，加密币对反洗钱和反逃税的最大挑战是匿名性。

匿名性。前面提到过，在没有监控的前提下，任何人有一个电子邮件地址就可以注册交易所账户，没有“了解你的客户”等程序，因此，公共链上只能看到大量资产的流动，而不知道是谁在腾挪资金。

虽然这种匿名性并非绝对，但要监控资金流向，不光需要严密的政策设置，还需要使用大量的区块链分析师。

拿比特币来说，尽管每个人都可以在公共账本的基础上验证交易链，乍一看，系统中没有任何东西将比特币与个人联系起来。但是，在技术上完全可以通过将交易相关因素汇总在一起，最终识别比特币交易背后的各方，尽管非常复杂且成本高昂。换句话说，比特币不是完全匿名的货币，而是伪匿名性货币。主要的加密币大多是伪匿名性的，包括以太坊、比特币、Ripple 和 Stellar[1]。

但是至少有两种广为使用的加密币是完全匿名的——Monero 和 Dash。2020 年加密币处于低谷时，Monero 市值约 10 亿美元，Dash 为 5000 万美元。在完全透明的区块链（例如比特币或以太坊区块链）

〔1〕 https：//www. europarl. europa. eu/cmsdata/150761/TAX3% 20Study% 20on%20cryptocurrencies%20and%20blockchain. pdf.

上，任何人都可以公开验证和追溯交易。实际上，尽管这并非易事，但此类交易的发送和接收地址都可以与一个人的真实身份相关联。创建于2014年的Monero与众不同的地方是，它对地址进行加密，并产生伪造的地址来掩盖发件人，还可以隐藏交易量。因此，为不法行为者和经常关注隐私的用户提供了一个避风港，黑客和黑网社区也转向青睐Monero。Dash为了实现真正的用户财务隐私，提供了使用称为“私密发送”（Private Send）功能的选项，通过称为“混合”（混币）的过程掩盖了用户资金的来源。

“伪匿名性”是一把双刃剑，它诱使网络犯罪分子在使用加密币时觉得很安全，事实上它也允许政府组织跟踪这些轨迹，当然代价很大。

除了伪匿名性的挑战，区块链的全球性要求全球化的监管。一个主权国家是否有能力获得境外执法机构的支持，是否在境外有执法能力，是否有能力探测到境外犯罪分子的行为，这些都是极大的挑战。有的国家具备较好的基础条件，有的国家基础设施则较弱。

除了伪匿名性的挑战，区块链的全球性要求全球化的监管。

美国执法人员对打击加密币网络犯罪的方法和技术保密，但Cointelegraph（一家全球著名的区块链媒体）设法从领先专家那里获得了信息。美国国税局网络犯罪总监 Jarod Koopman 就此事向 Cointelegraph 发表了评论[1]：

“政府机构利用诸如区块链分析、暗网研究、开放源信息以及财务或内部数据之类的工具，来识别参与方、潜在的欺诈领域，同时发现诸如黑客和 DDOS（分布式拒绝服务）攻击之类的技术犯罪。这些领域需要更多的技术能力和专业知识。”

总的来说，对于加密币带来的前所未有的挑战，比如去中心化的传输、犯罪分子具有国际性和半匿名性，监管需要占用大量的资源。是否必须去做？是否值得去做？不同的国家有不同的对策。现在我们观察到的趋势仍然是，欧美走在前面制定国际标准，其他西方国家紧随其后。新兴市场国家则通过大范围禁止加密币的交易和使用来降低风险。

美国

前面提到过自由储币（Liberty Reserve）创始人 Arthur Budovsky 从美国撤离，搬到哥斯达黎加，将自由储币发展成为全球网络犯罪洗钱中心的故事。

[1] https://cointelegraph.com/news/the-law-enforcements-guide-to-policing-crypto-cybercrimes.

2013年，美国财政部认定[1]自由储币故意规避“反洗钱管制”来为犯罪分子服务，将自由储币交易平台列为“重点关注的洗钱网点”（Primary Money Laundering Concern）。这是美国行使“域外”反洗钱和制裁最常用的手段。如果“外国”金融机构（如哥斯达黎加银行）跟自由储币有资金往来，那么美国金融机构就切断跟该国金融机构（哥斯达黎加银行）的关系银行账户。为了避免美国金融机构在“不知情”的情况下，继续与这些第三方银行保持业务关系，美国财政部要求他们动用“特殊尽职调查”，弄清楚与自己有关的外国金融机构是否与自由储币有任何资金往来[2]，以杜绝“嵌套交易”。自由储币是美国历史上第一个被列为“重点关注的洗钱网点”的虚拟货币交易系统。

这一手段的背后是一个具有爆发性威力的《爱国者法》311条款。“9·11事件”后，震惊于美国政

---

〔1〕U.S. Department of Treasury. 2013. “Notice of Finding That Liberty Reserve is a Financial Institution of Primary Money - Laundering Concern.” Assessed July 7, 2019. https://www.fincen.gov/sites/default/files/special_measure/311--LR-NoticeofFinding-Final.pdf.

〔2〕U.S. Department of Treasury. 2013. “Imposition Special Measures Against Liberty Reserve is a Financial Institution of Primary Money-Laundering Concern.” Assessed July 7, 2019. https://www.fincen.gov/sites/default/files/shared/311--LR-NPRM-Final.pdf.

府和金融机构反洗钱的乏力，国会通过了《爱国者法案》，第 311 条款赋予美国财政部前所未有的权力来控制涉及境外的洗钱行为，可以“绕过”法庭程序，将美国以外的某个地区、有洗钱嫌疑的金融机构、特定种类的国际贸易或账户认定为“重点关注的洗钱网点”，并实行一系列的“特殊行政措施”，包括剥夺或限制这个网点与任何美国金融机构的关系银行账户或过渡账户——这是世界上大部分银行进入美元交易体系的必经渠道。

自由储币在被指控以后，包括“Liberty Reserve.com”在内的 5 个域名被美国司法机关关闭，45 个银行账户被封，自此停止了作为金融机构的任何商业活动，不复存在。[1] 自由储币创始人 Budovsky 于 2013 年在西班牙被逮捕并引渡到美国，2016 年被美国纽约南区法院判处 20 年监禁。[2]

前文介绍过，另一个加密币交易所案件——

〔1〕 U. S. Department of Justice. 2016 “Withdrawal of Finding and Notice of Proposed Rulemaking Regarding Liberty Reserve S. A.. ” Assessed July 7, 2019. https://www. fincen. gov/sites/default/files/special_measure/Withdrawal_LR. pdf.

〔2〕 U. S. Department of Justice. 2016 “Liberty Reserve Founder Arthur Budovsky Sentenced In Manhattan Federal Court To 20 Years For Laundering Hundreds Of Millions Of Dollars Through His Global Digital Currency Business. ” Assessed July 7, 2019. https://www. justice. gov/usao-sdny/pr/liberty-reserve-founder-arthur-budovsky-sentenced-manhattan-federal-court-20-years.

BTC-e案件，也如出一辙。俄罗斯人Alexander Vinnik严重依赖犯罪分子的客户基础，把BTC-e建成了世界上最大的几个加密币交易所之一。

BTC-e被指控的罪名有：涉足大量“美国业务”却没有美国的特定金融运营执照（License for Money Service Business）、没有按联邦法律建立“反洗钱体系”、故意支持犯罪行为并为之提供结算服务等。由于美国司法部门的指控，Vinnik于2017年7月在希腊被逮捕，目前美国仍在启动引渡程序试图将其引渡。但半路上出现了一个插曲：2019年2月，俄罗斯游说希腊，希望将Vinnik引渡到俄罗斯继续审理。[1] 美俄两国争执不休，让希腊十分为难，这时法国出马了。法国指控Vinnik相似的罪名（这太容易了，因为BTC-e的业务是全球化的）。2020年，Vinnik被引渡至法国。[2]

在自由储币被美国火速认定为“重点关注的洗钱网点”的时候，美国政府尚未执行将美国境外的虚拟

〔1〕 Cryptoalphanews. 2019. “Russian Official Seeks Extradition of Alleged Bitcoin Fraudster Alexander Vinnik.” Assessed July 7, 2019. https://www.cryptoalphanews.com/2019/02/25/russian-official-seeks-extradition-of-alleged-bitcoin-fraudster-alexander-vinnik/.

〔2〕 https://www.bloomberg.com/news/articles/2020-01-28/russian-cyber-suspect-charged-in-france-after-greek-extradition? sref=5REZoVy2.

货币交易所作为美国的货币服务商（Money Service Business，or MSB）来对待，因此没有援引“违反注册规定”“违反反洗钱要求”来为自由储币定罪。但是在BTC-e案件中就使用了这个工具。

2013年，美国财政部专门管理反洗钱和反恐融资的部门——金融犯罪执法网络（FinCEN）颁布了新的条例，认可加密币的货币地位，同时将虚拟货币交易所归类为货币服务商（MSB）。该条例专门针对“可转换”的“虚拟货币”，即可与主权货币互换，或者等价于某主权货币币值，或者可作为主权货币的替代者，直接用以购买商品和服务。[1] 该条例在定义什么是货币服务商时，此类虚拟货币与主权货币所受待遇一样。这是加密币管辖至关重要的一步，因为承认其货币地位，即可强制辖区内所有加密币交易所在美国政府有关部门注册并取得货币服务商执照，并承担繁重而高成本的反洗钱合规义务。

位于美国境外的货币服务商（MSB）是否在管辖范围内呢？根据2011年颁布的一项法规[2]，如果有

---

〔1〕 https：//www. fincen. gov/resources/statutes-regulations/guidance/application-fincens-regulations-persons-administering.

〔2〕 U. S. Department of Treausry. 2011. “Bank Secrecy Act Regulations；Definitions and Other Regulations Relating to Money Services Businesses.” Assessed July 7, 2019. https：//www. govinfo. gov/content/pkg/FR-2011-07-21/pdf/2011-18309. pdf.

相当程度的服务对象是美国人，那就处于美国管辖范围内，不管物理地址是在哥斯达黎加，还是在希腊。

根据这个2011年的法规——如果一个金融机构（包括MSB）仅仅在美国有一个账户，那不足以适用“美国金融机构”的身份；但如果美国境内的相当数量的顾客使用了该机构的服务，根据“效果原则”，这个金融机构就构成“美国的金融机构”〔1〕，须像美国国内金融机构一样建立反洗钱体系。现在，多数西方国家要求支付系统在运行前注册、获得许可证。2018年一份关于世界银行的研究表明，绝大多数司法管辖区都要求移动支付平台、支付卡网络、交换器或票据交换所取得许可证或进行注册。美国要求联邦级资金转移机构遵守《银行保密法》或《反洗钱法》的规定进行登记〔2〕。

在自由储币和BTC-e两桩案件中，其操作者都被控“故意洗钱犯罪”等多项罪名。他们被置于美国法院的管辖之下，一个重要原因是他们掌握的货币传输经过了美国境内，建立了美国联系（US Nex-

〔1〕 U. S. Department of Treausry. 2011. “Bank Secrecy Act Regulations; Definitions and Other Regulations Relating to Money Services Businesses.” Assessed July 7, 2019. https://www.govinfo.gov/content/pkg/FR-2011-07-21/pdf/2011-18309.pdf.

〔2〕 https://www.federalreserve.gov/newsevents/speech/brainard20200205a.htm.

us)——这个太普遍了，只要美元法币仍然是最有吸引力的退出货币（从加密币转换成的主权货币），那么交易所就必须为顾客支付美元法币，大多数时候依靠美国境内的金融机构实现转账。任何形式的犯罪——包括身份欺诈、信用卡盗用、网上欺诈（例如庞氏骗局）、逃税、贿赂、恐怖主义融资、违反制裁、黑客盗窃等等，只要违法所得涉及美元转账，或具有美国境内联系，都被美国反洗钱法律置于管辖之下。

需要注意到的是，一些案件的嫌疑人不是在美国被捕的，而是被他国警方逮捕，然后走引渡程序。美国迄今为止和100多个国家签有引渡协议[1]；截至2019年1月，中国与55个国家签署引渡条约，主要分布在中亚，欧洲有俄罗斯、法国、西班牙、比利时和意大利。

通过洗钱罪相关立法、美元的中心地位、覆盖世界的引渡条约之网，美国政府和法院可以管辖到全球相当大范围内的经济活动，并得以有力执行。

综上，通过洗钱罪相关立法、美元的中心地位、覆盖世界的引渡条约之网，美国政府和法院可以管辖到全球相当大范围内的经济活动，并得以有力执行。在管制全球性的洗钱行为上，以美国为首的西方国家的反洗钱体系的政策法律设置和执行力都是比较强的。

〔1〕 https：//2009-2017. state. gov/documents/organization/71600. pdf.

现在，美国针对加密币的立法活动还在向纵深发展。

2015 年，纽约州金融服务部要求从事加密币交易、买卖、发行、提供 P to P 服务等的加密币运营商必须得到 Bit License 才能合法经营。[1] 现在获得这个执照的实体包括 Coinbase 和 Gemini 等 20 多家交易平台。阳光下合法运营至少会增加这些平台吸引资金的能力，Coinbase 很快成为世界上排名第一的加密币交易所。[2]

2019 年 4 月，FinCEN 首次惩罚“未登记注册”的 P to P 服务商——加利福尼亚州居民 Eric Powers。在 2012-2014 年期间他的涉案价值只有 10,000 美元。他既然没有注册，也就没有履行反洗钱义务——没有提交货币交易报告（CTR）和可疑活动报告（SAR）。这个事件之所以被称为“具有里程碑意义”的事件，一是因为涉案金额很小还被罚，二是因为 P to P 是极难监管的行业，参与者在转移加密币资产时，根本不经过“交易所”或者“托管钱包”这样的中心机构。P to P 服务商被罚事件告诉加密币行业——《银行保密法》（美国反洗钱的主要法律）规定的义务适用于

---

〔1〕 https：//www. fincen. gov/sites/default/files/2019 - 05/FinCEN% 20Guidance% 20CVC%20FINAL%20508. pdf.

〔2〕 https：//blokt. com/guides/best-cryptocurrency-bitcoin-exchanges.

任何货币传输服务商，无论其大小和形式。与美国的大面积监管政策相反，鉴于 P to P 难管的属性，欧洲 2018 年制定、2020 年实施的加密币反洗钱法规“暂时”放过了这类平台。

在加密币税务史上具有里程碑意义的事件是，2017 年美国国税局在起诉加密币交易所 Coinbase 的逃税案中胜诉。由此，2015 年中凡是交易额超过 20,000 美元的 14,000 多人都必须补交税款。现在，全球其他地方都加快了对客户提出 KYC（了解客户）的要求。这意味着，加密币将大大失去“匿名性”和“避税性”上的吸引力。

从这些事例不难看出，西方国家中美国的监管政策是最严的。有的世界性交易所如 Bitfinex 认定美国的监管成本太高，于是决定于 2017 年 11 月起停止为“所有美国客户”服务。

以上都是美国政府援引传统金融监管已经成型的法律，将之应用于加密币领域的例子，可以说尚未成系统，是碎片化的。这一形态在 2019 年以后得到根本性改变。

2019 年 10 月，金融犯罪执法网络（FinCEN）牵头，与美国证券交易委员会（SEC）和美国商品期货交易委员会（CFTC）几大监管部门发表联合声明，要提供统一的反洗钱/反恐融资（AML / CFT）前线管理。

他们首先解释为何要监管数字资产〔1〕：

·SEC 主席克莱顿认为监管的出发点是“保护投资者，并监管市场”。克莱顿表示，SEC 将监管所有可作为“证券”的数字资产，以防其资金流动被用于洗钱。

·CFTC 主席塔伯特表示，该委员会将监管包括加密币衍生产品市场的所有参与者；要求经纪人和交易商向 CFTC 报告可疑或非法行为。

·FinCEN 负责人 Blanco 说，FinCEN 是美国 BSA 的 AML/CFT 要求的主要执行者，并且对美国金融机构具有“绝对权威”，拒绝在加密币这一类新型货币上“自降标准”。

图：从左至右为 SEC、CFTC **和** FinCEN

---

〔1〕 https：//www. sygna. io/blog/fincen-digital-asset-cryptocurrency-regulations-2020-vs-2019/.

两个月以后，体现这次联合声明精神的《加密币2020法案》在国会被提出[1]。这期间，加密币经济圈内已经向政府机构“自动上报”了1.1万个“可疑交易”。

这个由美国众议院提出的《加密币2020法案》的草案将加密币主要分为三大类——加密商品、加密货币和加密证券，并据此确定哪些机构负责制定联邦法规和执法。

·加密商品——具有一般商品性质，具有互换性的产品或服务，必须驻留在区块链或分散式密码分类账中，才能属于此类别。比特币和以太坊均属此类。

·加密货币——两大类，一类是以区块链或分散式账本为基础的、由主权货币背书的稳定性加密币，如USDT；另一类是由加密商品、加密资产或稳定性加密币为支撑，由智能合约、分布式“恒言”（Decentralized Oracle，即通过分布式“多点”验证和引入区块链之外“真实世界”的事实和数据，触发智能合约的执行）等区块链产品或过程的衍生物。

·加密证券——是任何具有“证券属性”的加密

[1] https://finance.yahoo.com/news/expect-cryptocurrency-legislation-2020-180028179.html.

货币，须通过美国证券法关于证券定义的测试，比特币不在此列。SEC 主席 Jay Clayton 说："比特币从未寻求公共资金来发展科技和产品，因此不属于证券。"

该提案规定，监督加密币的监管机构包括美国商品期货交易委员会（CFTC）、美国证券交易委员会（SEC）和金融犯罪执法网络（FinCEN）。这些机构将成为各种数字资产类型的唯一授权和管辖人。[1]

美国加密币的立法和实施也在影响着世界。在加密币带来的问题上，打击洗钱和资助恐怖主义的斗争是包括欧盟在内的国际社会公认的首要任务。长期以来，国际社会的共识是，反洗钱活动必须得到国际组织的配合，单个国家采取措施肯定是不够的。1990 年起草并不时修订的"金融行动特别工作组"（FATF）的建议，是打击洗钱和资助恐怖主义行为国际框架的基石，这些建议已得到 200 多个国家和地区的认可，并被公认为国际标准。

2019 年，美国利用作为"金融行动工作组"轮值主席的机会，参照美国的《银行保密法》（BSA）确立的传统银行"反洗钱法规"，为加密币量身订做

[1] https://news.law.fordham.edu/blog/2020/03/13/the-cryptocurrency-act-of-2020-is-dead-on-arrival-washington-tells-sponsors/.

了一套规则，要求共享跨界金融机构信息（例如加密币交易所和传统银行间），把美国反洗钱策略中同业监督的“囚徒困境”延伸到加密币世界，被媒体称为“加密币旅行条例”。这个新规包括管理P to P加密币平台、币币（加密币之间）交易平台的内容，这一点比欧盟制定的《欧盟反洗钱第五号指令》（AMLD5）激进。但是FATF只是一个标准制定机构，并不具有法定强制力，很多欧盟国家选择性地实施FATF的监管政策。

下一节我们来看看欧盟的反洗钱举措。

欧盟

在“巴拿马文件”揭露了全世界的“精英”的灰暗资金流之后，欧盟开始制定欧盟范围内的反洗钱指令（AMLD），并具有强制性效力。2018年通过、2020年实施的反洗钱第五号指令（AMLD5）是它的最新进展。作为一项紧急法律，其目的是对欧洲的洗钱和恐怖分子融资活动进行审查。

欧盟认为，最可能与加密货币和区块链相关的三种金融犯罪类型是洗钱、恐怖分子融资和逃税。

跟美国的思路相似，欧盟显然正在采取通过“反洗钱和反恐融资”的立法来解决加密币带来的主要问题。欧盟认为，最可能与加密货币和区块链相关的三

种金融犯罪类型是洗钱、恐怖分子融资和逃税[1]

在 AMLD5 制定之前，“匿名性”是欧盟管制加密币市场最大的障碍。AMLD5 目前主要管辖两类：

·在“法币”和虚拟货币兑换中提供服务的交易所——这是传统金融与虚拟货币之间的桥梁，在中国是被禁止的；

·“托管钱包”服务商——这是像银行一样的“节点”控制机构。

AMLD5 要求交易所和托管商依法注册，并对客户进行尽职调查，向金融情报部门报告可疑交易，所获得的信息也与税务机关共享，以此用来打击逃税行为。

欧盟的 AMLD5 监管中，明显漏掉“非托管性质”的硬软件钱包提供商、P to P 交易平台、矿工、ICO 的发行者以及纯加密币互换的交易所（与法币无接口），而只针对上面所说的两种情况。欧盟目前还没拿定主意怎么对付它们，暂且可以认为，只要管住加密货币转换为法定货币这个环节，以及托管钱包服务提供商，就能解决主要问题。同时，欧盟也在密切观察这些现阶段漏掉不管的加密币活动。前面提到

[1] https://www.europarl.europa.eu/cmsdata/150761/TAX3%20Study%20on%20cryptocurrencies%20and%20blockchain.pdf.

过，有的加密币具有完全匿名性，对于这个问题，欧盟认为，这类币种所占的市场份额极小，因此目前没有必要花大力气去监管。欧盟对于“直接禁止”的举措非常小心，因为一旦直接禁止了，以后就什么信息都拿不到了。

说到这里，有一点很明显，既然欧盟下决心来管制这两种交易机构，那就是认定，各国的情报机构有足够的力量来跟区块链上的犯罪分子抗衡。至于那些没有信心监管的对象，他们暂时放手观望。然而，虽然大部分的加密币是伪匿名性质，但是也需要投入大量复杂的区块链分析，才能有效破案、防止大规模的犯罪问题。

一句话，这一切都意味着高额监管成本。这个世纪，荷枪实弹的战争只是一时性、局部性的，常规的全面战争是病毒战争、黑客战争。很多国家都在将战略资源往这些方向倾斜。

前面提到过，国际反洗钱权威组织——反洗钱金融行动特别工作组（FATF）建议，将传统世界中的支付数据共享要求推广到加密币世界，即所谓的加密币“旅行规则”——货币既然在全世界旅行，那么就要全世界的相关机构协调监控。欧盟同样认识到超国家的合作至关重要，因此在反洗钱框架下，成员国之间共享信息并一致对外，共同承受对“高风险国家”的防范义务。

欧盟层面的反洗钱政策是欧盟国家的最低标准。前面我们提到，美国趁着作为反洗钱金融行动特别工作组（FATF）轮值主席的时候，将很多美国的管制要求纳入 FATF 的反洗钱指导中去，从而影响了很多别的国家的监管设置。例如，英国和德国就打算在欧盟条例的基础上，使用 FATF 的标准。

2019 年 5 月，荷兰金融刑事调查局（FIOD）在与欧洲刑警组织和其他有关国家的联合行动中关闭了比特币混币服务商 Bestmixer. io 的网站。荷兰金融刑事调查局收集了历年来该交易平台的信息，包括 IP 地址、交易细节、比特币地址以及用户聊天数据。通过调查发现，Bestmixer. io 曾声称其位于库腊索岛，并且公开宣传提供“合法”洗钱服务。事实上，该网站的主要运营地点在欧洲且服务于来自世界各地的客户[1]。

反洗钱金融行动特别工作组（FATF）

FATF 到底是一个什么样的机构呢？

---

〔1〕 http：//www. zhonglun. com/Content/2019/12-16/1649208065. html.

反洗钱金融行动特别工作组（FATF）是一个很有影响力的国际组织，由七国集团于1989年在巴黎成立，旨在应对反洗钱和反恐融资。它得到了二十国集团和联合国的支持，并与这些组织紧密合作，督促在全球范围内制定全面的反洗钱/打击资助恐怖主义的法规。

FATF与其39个成员（包括中国）、9个FATF区域机构的全球网络密切合作，影响着世界上几乎所有国家。FATF没有法律上的强制力，但是它有极大的权威性。FATF监视那些没有致力于改善反洗钱工作的国家和地区，将它们列入“不遵守规定”的国家和地区（NCCT）中——这是一个导致全球经济和政治孤立的“黑名单”。“灰名单”是被FATF认定为尚未达到列入黑名单的程度，但在反洗钱和反恐融资制度上存在战略缺陷的国家列表。此外，这些国家没有取得足够的进展，也没有承诺采取行动计划来解决FATF指出的缺陷。如果持续未能解决这些缺陷，可能最终导致从灰名单移至黑名单。

当一个国家被列入灰名单时，它就可能会失去进入全球金融体系的渠道。巴基斯坦在2018年被列入灰名单，损失惨重。据报道[1]，FATF严厉警告，巴基斯坦在遏制恐怖主义融资和反洗钱方面做得还不够。FATF暗示，如果巴基斯坦在2019年5月之前未采取具体措施，将可能面临严重的后果——被列入该组织的黑名单。而列入黑名单则可能会导致包括美国在内的西方国家实施制裁。在一起针对克什米尔的炸弹袭击并造成至少40名印度士兵死亡的事件中，承担责任的激进组织贾伊什·穆罕默德（即穆罕默德军）被认为在巴基斯坦开展活动，并以别的名义筹集资金。

FATF声明说，当地执法部门没有调查或打击恐怖分子。声明指出，巴基斯坦尚未理解恐怖组织所构成的风险，也没有着手对恐怖组织采取“补救行动和制裁”。巴基斯坦主要英文报纸《黎明》（Dawn）的专栏作家库拉姆·侯赛因（Khurram Hussain）说，反洗钱金融行动特别工作组（FATF）的声明是10年来“最尖锐的一次”。他说：“似乎某处有人（指印度）对巴基斯坦已经失去了耐心，而FATF仍在试图引导巴政府……前几届政府曾打算采取行动，将这些团体

〔1〕 https：//www.nytimes.com/2019/02/22/world/asia/pakistan－terrorism－funding.html.

列入恐怖分子实体名单并限制其活动，但是并没有这样做。”反洗钱金融行动特别工作组的声明还将 Jaish-e-Muhammad 列入与伊斯兰国、基地组织、塔利班和 Lashkar-e-Taiba 齐名的组织。印度和美国指控这些组织策划了 2008 年孟买袭击事件并造成 160 人死亡。

在 2019 年 FATF 的全体会议上，成员们仍然决定让巴基斯坦留在“灰名单”，而不是将其移至黑名单。但是，FATF 警告巴基斯坦，要在最后期限前完成反洗钱措施，否则可能在下次会议上将被列入黑名单。尽管巴基斯坦没有被列入黑名单，但灰名单的认定也让这个国家代价惨重。有专家称，金融机构和非政府组织尽量避免与巴基斯坦打交道，导致巴基斯坦每年损失估计达 100 亿美元。[1]

FATF 每年通过相互评估报告（MERs）来评估各国对其建议的遵守情况。评估一个国家时，MER 的眼光主要聚焦在监管要求、金融机构的监管框架、制裁制度、国际合作等多方面是否执行和遵守 FATF 的建议，特别要求各国实施联合国安理会决议的“有针

〔1〕 https://economictimes.indiatimes.com/news/international/world-news/pakistan-risks-losing-10-billion-annually-following-fatf-grey-list/articleshow/68697831.cms?from=mdr.

对性”的制裁制度。[1] 尽管 FATF 没有制裁清单或限制性措施，但 MER 可能会影响金融机构的“国家风险”等级，进而影响全球金融机构在处理特定地区时的风险偏好。[2]

这个行动工作组对加密币的监管在 2018 年迈出了很大一步。

《反洗钱金融行动特别工作组建议》第 16 项建议是专门针对加密币的。2018 年 10 月，FATF 通过了对其建议书的更改，明确规定了哪些虚拟资产的金融活动在适用范围内[3]：

· 法定和虚拟资产交换；

· 虚拟资产之间的交换；

· 虚拟资产的转让；

· 保护虚拟资产；

· 与发行或承销虚拟资产有关的活动。

这个管辖范围比欧盟的明显宽多了。同时也从另一个方面肯定了加密币作为货币、商品和资产的合法

---

〔1〕 http：//www. fatf - gafi. org/publications/fatfgeneral/documents/universal - procedures. html.

〔2〕 https：//www. fatf - gafi. org/media/fatf/documents/reports/mer - fsrb/MENAFATF - Mutual-Evaluation-Report-Jordan-2019. pdf.

〔3〕 http：//www. fatf - gafi. org/media/fatf/documents/recommendations/RBA - VA - VASPs. pdf.

地位。

2019 年，FATF 正式发布《基于风险的角度：监管数字资产和数字资产服务商的章程指南（Guidance for a Risk-Based Approach to Virtual Assets and Virtual Asset Service Providers）》。自该新规发布后，比特币市场热度持续攀升，达到自 2018 年 3 月以来的最高水平。FATF 的新规明确要求，虚拟货币交易所在涉及资金转移时"交易双方"的相关信息与执法部门共享；且只有在执法部门要求的情况下，才允许披露与用户隐私相关的细节信息。[1]

中国

2019 年，中国第一次通过了 FATF 的评估。[2] 事实上，2005 年开始，中国与俄罗斯等国共同发起成立了欧亚反洗钱和反恐怖融资小组（EAG），现也已成为反洗钱金融行动特别工作组（FATF）的决策核心——即 FATF 指导小组 9 国成员之一。[3]

---

〔1〕 FATF（2019），Guidance for a Risk-Based Approachto Virtual Assets and Virtual Asset Service Providers，FATF，Paris，www. fatf-gafi. org/publications/fatfrecommendations/documents/Guidance-RBA-virtual-assets. htm.

〔2〕 https：//www. fatf - gafi. org/media/fatf/documents/reports/mer4/MER - China - 2019. pdf.

〔3〕 https：//eurasiangroup. org/en/about-eag.

但是，这次 FATF 的评估报告也发现了中国在反洗钱、反恐怖主义融资上的缺陷。报告建议中国应更多地关注各种犯罪收益的洗钱，并扩大其“风险评估”的范围。中国从 2013 年以来，就禁止银行和支付机构进行比特币交易。根据前面提过的 2013 年发布的《关于防范比特币风险的通知》：

·中国的银行和支付机构不得买卖比特币——防止法币资产流入比特币市场而自由流动；

·不得使用比特币为产品或服务定价——否认比特币作为交换媒介的货币地位。

既然如此，加密币服务商就被排除在“金融服务机构”范围内，政府难以援引对金融机构的反洗钱要求来监管这些机构。

2017 年 1 月 5 日，中国人民银行与比特币交易所进行了谈话，通知他们根据中国法律，比特币仍不是货币。于是出现了各种说法，比如“中国将很快采取行动禁止比特币”。当时，中国人民银行上海分行和上海金融办已经在检查主要的比特币服务商和交易所 BTCC，随后检查了比特币交易所 OKcoin。

OKcoin 在客户服务电子邮件中说：“政府正在进行为期一周的检查——只是为了了解这里的情况。目的是维持金融稳定，预防金融风险和规范市场交易行为……没有其他意图。存取款服务正常运行。”交易所 BTCC 也有类似的想法。发推文说：“一切都很好，只是检查而已……由中国人民银行上海分行、上海金融办及其他相关政府机构组成的监管机构访问了 BTCC。”

然而，BTCC 随后很快暂停了其比特币保证金贷款服务。火币和 OKCoin 也暂停了保证金交易。2017 年 9 月份的 ICO 连带管辖给了政府依据，关闭了 BTCC、火币和 OKCoin 在国内运营。币安的总部搬到国外后成为全世界最大的交易所之一。

从保护投资者的角度来看，中国的禁止措施是否能够有效地阻止欺诈行为，还需要进一步观察，因为交易可以完全由外国用户创建，并以不公开披露所有交易的方式而进行。交易所搬到海外后，国内迅速出现了“代理”海外业务的服务。

由于 2017 年公告并未涉及国外的任何加密货币交易，因此一些中国人在海外建立了加密币交易平台，将自己伪装成“假洋鬼子企业”，通过代理人来继续交易，这时中国的投资者利益就难以得到妥善保护。对此有专家建议，如果以保护投资者利益和自由交易为目的，政府可以通过坚持不懈的执法努力，来确保合规性、遏制欺诈行为。[1]

反黑客、反欺诈

反黑客

（一）51% 攻击

先来看区块链的“极难篡改性”。这是加密币立身之本，但是这个特质在面临51%黑客攻击时有可能失陷。如果链上51%以上的算力都在合力制造一个假象，防止别的算法寻找真相，改变公共账本就有可能了。攻击者将能够阻止新交易被确认，从而停止部分或全部用户之间的付款。他们还可以撤销已经完成的交易，创造一个钱还没有动过的“假象”，这意味着他们可以两次使用。例如，如果某团伙用10个比特币购买了一部车，公共记账本上应该清清楚楚地有这一笔交易的转账记录，该团伙的账户应该少了10个比特币，售车方的账户上会多10个比特币。在收到车以后，该团伙运用其压倒性优势算力，将这一笔历

〔1〕 https：//openscholarship. wustl. edu/cgi/viewcontent. cgi？ article = 1684&context =law_globalstudies.

史交易记账删除了，这样该团伙账户中仍然有那10个比特币，还可以再用；而售车方则车飞币走。但是，交易发生的时间越久远，这个操作就越难奏效。因为，篡改者不光需要改变交易发生时一个区块上的数据，还要改变之后历史上每一个区块上的数据——只有这样才能把历史上形成的共识全都改掉。但是，一个能聚集如此强大算力的团体完全没有必要通过如此下作的方式来获益。

简言之，要改变公共记忆，首先，聚集起51%的算力是一个难题；更重要的原因是——比特币得益者没有动机来毁坏比特币的信誉。如果比特币的公共账本不可靠，就不会有人来信任比特币。2014年7月，矿池gHash.IO短暂超过了比特币网络50%的算力，导致该矿池“自愿承诺”减少其在网络中的份额。它在一份声明中说，未来将不会达到总采矿能力的40%。[1]

比特币历史上没有出现过51%攻击，但加密币历史上有过几次51%攻击。例如，2017年从比特币

〔1〕 https：//www.investopedia.com/terms/1/51-attack.asp.

“硬分叉[1]”出来的“比特币现金”，在2019年就发生了一次这样的攻击。

2019年5月，比特币现金（BCH）矿池对其区块链进行了所谓的“51%攻击”，其目的跟通常想象的相反，是为了阻止攻击者利用比特币现金网络内部继续“硬分叉”中发现的漏洞来非法获取可用的比特币现金。该行为被发现后，BTC. com和BTC. top这两个采矿池联合起来，开展了所谓的51%攻击，重新改写了区块，纠正了交易历史。这次攻击不是为了攻击者获益，而是作为“公正”的执行官为比特币现金社区服务。但是，这也提醒了区块链上的一大风险，如果挖矿池集中在几个大户手里，公共账本的可靠性就会成问题。如何相信这些大户不会为自己的利益发动攻击？于是我们又回到了“信任”这一历史难题。

但是，很多业内人士现在并不十分担心51%攻击。

有业内人士说，任何团体都没有办法对比特币区

〔1〕硬分叉，指的是激烈改变区块链网络协议，要求拥有者更新和使用新的软件版本，以改变区块和交易的有效性。比特币现金是原来比特币拥有者中不满于当时的网络协议，认为其导致交易速度缓慢，因此集体改变协议，最终分叉出来的部分加密币，交易速度比比特币快。

块链进行持久攻击，因为51%攻击会立即被发现。并且，通过对协议进行简单重新编码，就可以阻止其攻击。[1] 另外，比特币和比特币现金的例子都更多地指向这一理由——掌握较多算力者是主要得益者，他们不会愿意通过51%攻击来降低一个加密币的可信任度，因此没有动力实施攻击。

掌握较多算力者是主要得益者，他们不会愿意通过51%攻击来降低一个加密币的可信任度，因此没有动力实施攻击。

（二）交易所的脆弱性和钱包的不安全性问题

再来看加密币交易所的“脆弱性”。虽有大跌事件，但加密币价格十年间飞涨，再加上其交易平台缺乏相应的管理和安全性能，理所当然成为黑客攻击的目标。一位研究人员估计，全世界超过14%的比特币和以太坊已经被盗。[2] 专门针对加密币交易所的黑客涉及大量盗窃案，由两个著名的专业黑客组织主导。迄今为止，这两个集团共窃取了大约10亿美元，至少占所有公开举报的黑客攻击的60%；而且他们难以追踪，通常将被盗资金在不同的交易所和不同的账

---

〔1〕 https：//cryptoslate. com/64-of-bitcoin-holders-worry-about-a-51-attack-heres-why-you-shouldnt-worry/.

〔2〕 https：//www. google. com/url? sa = t&rct = j&q = &esrc = s&source = web&cd = 3&cad = rja&uact = 8&ved = 2ahUKEwiijI73qdLoAhURQ60KHSiqAo0QFjACegQIDBAG&url = https%3A%2F%2Ffortune. com%2F2018%2F01%2F31%2Fcoincheck-hack-how%2F&usg = AOvVaw0BfdtXDCYn0b8-x2eCjgd7.

户下转移5,000次（在一个案例中为15,000次），以掩盖该基金的犯罪来源。[1]

既然全世界的黑客都有动机攻击比特币交易所，在线加密币交易所拥有的“钱包”（一种应用程序，存储着发送和接收加密币的密钥）就成为主要目标。如果交易所的网络安全设施无法妥善保护线上“热钱包”（密码），或个人的私人密码存在个人电脑里被黑客找到等等，都会给黑客以可乘之机。“冷钱包”（硬件钱包）似乎更为保险，因为其设备是与互联网断开连接的。我们在中国各大银行使用的USB Key就是一种硬件钱包。硬件钱包和用纸存储密钥的方式都属于“冷藏库”（Cold Storage），即与网络断开。有人会用一张纸把硬件钱包的密码打印出来，如果这样的话，除非黑客变成高超的入室盗窃犯，否则他们将无法获取密码。当然，用这个办法保存密码的风险是，如果自己不小心搞丢了，或者唯一的知情者去世，就可能带来无法挽回的损失。

2019年，加拿大一家加密币交易所QuadrigaCX的创始人Gerald Cotten突然去世，作为唯一一个知道交易所“冷藏库”安排细节或密码的人，他将秘密

---

〔1〕 https：//blog. chainalysis. com/reports/crypto-crime-hacks.

带到了天上。到目前为止，没人能使用这个冷钱包，那里为客户存储了价值约 1.9 亿加元（1.45 亿美元）的加密币和法定货币，可能永远也找不到了。

据悉[1]，根据法院文件，QuadrigaCX 无法收回为其客户持有的约 1.9 亿加元的比特币、Litecoin、以太币和其他数字代币。随着 Gerald Cotten 的去世，QuadrigaCX 失去了对数字“钱包”的访问权限。

Cotten 去世时才 30 岁，他一向很重视安全性——他用来经营 5 年业务的笔记本电脑、电子邮件地址和消息传递系统均已加密。他全权负责处理资金以及业务的银行和会计方面的事务，并且为了避免遭到黑客入侵，将“大多数”加密币移到了冷库中。

Cotten 的遗孀罗伯逊说，她找不到公司的密码或任何业务记录。他们邀请了专家来试图进入 Cotten 的电脑，寻找可以解密的蛛丝马迹，但是专家能破解的非常有限，而试图绕过加密的 USB 密钥的尝试也失败了。

2020 年 10 月中旬，世界上最大的几个加密币交易所之一的 OKEx（马耳他组建、总部在香港的交易

〔1〕 https://www.bloomberg.com/news/articles/2019-02-04/crypto-exchange-founder-dies-leaves-behind-200-million-problem.

所）突然宣布中止加密币提取，原因是其创始人杨明星以涉嫌洗钱行为被中国政府羁押调查。[1] 杨明星是掌握公司“联合授权”密码的几个人之一，缺乏他的授权，该交易所无法完成任何提现交易。

该事件再次提醒投资人和消费者，加密币交易所在“交易管理权限”的设置中，有诸如缺乏远见、缺乏保护投资人/消费者的安全措施等很多问题。这样的事件折射出整个加密币行业的脆弱性。该事件以后，比特币立即贬值3%。更令投资人恼怒的是，显然事先有人得知内幕消息，早在OKEx提现功能被关闭之前的几个小时中，就提走了大额加密币，包括价值5320万美元的比特币、130万美元的Tron、790万美元的以太币，以及价值1390万美元的Tether。[2]

回到黑客的盗窃手段这个话题上。除了通过获取钱包密码以外，黑客们还利用区块链上合约的漏洞来盗窃。2016年，黑客利用以太坊区块链上智能合约的意外漏洞，从新型区块链投资基金“去中心化自治组织”（DAO）窃取了360万以太坊，当时价值约

---

〔1〕 https：//cointelegraph. com/news/btc-and-okb-plunge-after-okex-suspends-withdrawals.

〔2〕 https：//cointelegraph. com/news/okex-s-lips-remain-sealed-on-its-sudden-crypto-withdrawal-freeze.

8000万美元。以太坊社区不得不推动一项有争议的软件升级，也是一次“硬分叉”，以取回资金——本质上，重构了没有这段资金盗用历史的新区块链版本。[1]

前面提到多个交易所屡遭攻陷的一个重要原因是，在监管环境不确定的情况下，交易所多年存在于地下，没有任何“动力”满足网络安全要求，因此其基础设施的安全性普遍比较薄弱，于是在强大的黑客攻击面前十分脆弱。[2]

交易所执证经营以后，形势有所改观。现在全球14%的加密币交易所持证经营[3]，包括Coinbase、itBit等。执证交易所按规定做好反洗钱工作，将阻止黑客轻易攻击成功并获益。

首先，交易所反洗钱的力度提高，将提高公司的“透明度”，同时提升其与政府合作的“愿望”，有助于反黑客攻击。作为被攻击最频繁的目标，更多的加

---

〔1〕 https：//www. technologyreview. com/s/610836/how-secure-is-blockchain-really/.

〔2〕 Baron，Joshua，Angela O'Mahony，David Manheim，and Cynthia Dion-Schwarz. 2015. “National Security Implications of Virtual Currency：Examining the Potential for Non-state Actor Deployment.” Assessed July 7，2019. https：//www. rand. org/pubs/research_reports/RR1231. html（Baron et al. 2015）/.

〔3〕 https：//cointelegraph. com/news/study-14-of-major-crypto-exchanges-are-licensed-by-regulators.

密币交易所和平台优先考虑与警方保持良好合作，并向执法机构提供必要的记录，以最大程度减少遭受此类攻击的可能性。

从被破获的加密货币犯罪案件可以看出，警方与经纪人、交易所和互联网安全公司等的合作是成功捕获网络犯罪分子的先决条件。2020 年 1 月，日本网络安全公司与国际刑警组织合作，在东南亚发现了 2 万名隐藏的矿工。据 Cointelegraph 1 月 9 日报道，协助警方的日本网络安全公司“趋势科技”把受攻击的路由器数量减少了 78%。这些团队花了五个月的时间，来寻找受攻击的路由器，通知受害者，并使用“指导文档”帮他们修补错误，以狙击黑客攻击。[1]

另一个重要方面是，当交易所履行反洗钱义务时，黑客攻击拿钱的一个传统方式——绑架用户有价值的数据，勒索用户在给定时间内（如 24 小时内）用加密币交赎金的办法，已经不像以前那么好用了，因为购买加密币变得越来越困难。用户必须通过多项认证，并且交易金额受到监管限制。一位资深加密币

---

〔1〕 https：//cointelegraph. com/news/the - law - enforcements - guide - to - policing - crypto - cybercrimes.

研究者认为[1]，由于存在“客户尽职调查”这个反洗钱体系的第一关，你可能会发现购买3—5个比特币可能需要5—8天的时间。现在，Coinbase对新用户有限制，允许已通过“全面验证”并具有“关联银行账户”的客户即时购买，每周最高可购相当于2.5万美元的加密币，但是新客户可能不会被允许在第一天购买；在印度，一些交易所的基本限制是，每天只能花2000万卢比或每月1亿卢比来购买加密币，但是一枚比特币当时价值就达5000万卢比。因此，考虑到限制和验证过程，购买加密币来支付赎金在客户这儿就不好使了。如果黑客绑架者考虑延长时间呢？那将会大大增加黑客被识破的风险。同时，由于加密币交易所的监管，黑客想要把加密币形式的不义之财换成法币变得更为困难。因此，2017年到2018年间，黑客采取的策略发生了很大变化[2]。

由于加密币交易所的监管，黑客想要把加密币形式的不义之财换成法币变得更为困难。

有一种观点比较悲观，代表人物是美国商品期货交易委员会（CFTC）前主席、现任哈佛大学教授Timothy Massad。他援引安全专家布鲁斯·施耐尔

〔1〕 https：//blog. radware. com/security/2018/03/cryptocurrency - legitimacy - has - made-it-harder-for-hackers/.

〔2〕 https：//blog. radware. com/security/2018/03/cryptocurrency - legitimacy - has - made-it-harder-for-hackers/.

(Bruce Schneier) 在新著《点击这里杀死所有人》中的判断，认为如果没有政府强制，加密币交易平台本身就会缺乏动力来投资网络安全[1]。

Timothy Massad 在 CFTC 时，要求辖区内为核心金融市场提供基础设施的公司，根据行业“最佳实践”对网络保护进行定期测试，还要求公司筛选其第三方供应商或服务公司。美国证券交易委员会和银行业监管机构近年来也更新了类似要求。Timothy Massad 认为，对加密币中介机构施加此类要求，将填补一个巨大漏洞。虽然这样的合规义务不能完全保证有效抵御攻击，但是肯定可以减少黑客攻击的风险和后果。同时，鉴于自身的声誉和财务风险，一些加密币交易所无论如何都会投资于网络安全。但是，如果完全依赖企业自愿，则风险太高。现在，这些不符合传统标准的加密币中介机构正在处理价值数十亿美元的投资者资产；而且，据估计，全世界有超过 500 个这样的平台。

需要引起注意的一点是，监控手段以及交易所与警方的合作，都建立在承认交易所等平台的基本合法

〔1〕 https://www.brookings.edu/wp-content/uploads/2019/03/Timothy-Massad-Its-Time-to-Strengthen-the-Regulation-of-Crypto-Assets-2.pdf.

性之上。如果将交易所等平台一概禁止，相当于把它们打入地下，则很难保护消费者利益。现在，被打压的交易所可以变换形式，例如故意藏在“黑网”里。这些黑网用特别的“匿名浏览器”才能找到，例如“Tor”。如果更多的交易所故意选择在“黑网”里藏身，这就为黑客攻击带来了更多机会。根据网络安全公司 Carbon Black 的研究，犯罪分子利用“黑网”来为大规模加密币盗窃提供服务，并且很普遍。有估计数字显示，有1.2万个网络市场和3.4万个加密币的售卖跟“黑客盗窃”有关，黑客可以利用这些地下虚拟经济生态圈来最终把钱洗白。[1]

承认加密币的货币地位，像对其他货币交易所、货币传输商、金融机构一样进行监管，要求其履行反洗钱义务和网络安全义务，在预防和打击黑客活动、保障消费者权益上非常重要。这也是欧美、日本、新加坡、中国香港等国家和地区政策向此倾斜的一个重要原因。当然，这样管制需要付出非常高昂的治理成本，要求监管者不断提高能力，需要政府不断从市场吸收新鲜血液，构筑一个能够紧跟市场演进的治理

〔1〕 https://cointelegraph.com/news/new-study-says-80-percent-of-icos-conducted-in-2017-were-scams.

体系。

CipherTrace（一家有名的加密币情报公司）报告[1]指出，尽管交易所、钱包和其他加密币托管服务正在加强其防御能力，但黑客仍在不断创新，有的甚至超越了当前网络安全的最新水平。要捍卫投资人自由投资的“权利”，就必须保护消费者的“利益”，未来会有打不完的仗。赋予加密币生态圈更多的自由，让一部分金融主权回归民众之路，将是一条布满荆棘之路。

赋予加密币生态圈更多的自由，让一部分金融主权回归民众之路，将是一条布满荆棘之路。

反欺诈

（一）Tether颇为神秘，不受监管？

我们先从USDT的发行公司Tether说起。前文在讲述Facebook的Libra所代表的稳定币中提到，蔡凯龙在《稳定币终极9问》中说[2]：

“由于USDT的发行公司Tether颇为神秘，不受监管，1∶1美元的保证金也不知道存在哪个欧洲小国的银行，也不对外公布财务报表，即使曾经公布

[1] https：//ciphertrace. com/wp - content/uploads/2020/02/CipherTrace - CAML - 2019-Q4-20200220. pdf.

[2] https：//mp. weixin. qq. com/s/lAs9z3MINb9gV432VXhN2g.

过，也没有信得过的审计，因此其增发有多少水分我们不得而知。我们只能以最大的善意去期望 Tether 公司不造假、不贪婪、不操纵币价、不挪用保证金、不要投资失败。总而言之，我们只能期待他们像圣人一样完美。”

他进一步说：“目前看不到法币交易取代 USDT 的趋势。法币兑换数字货币（比如比特币），跳过 USDT，理论上可以取代稳定币，可是现实中，只要碰到法币，就需要和银行打交道，就需要涉及合规和监管问题，手续复杂，成本较高，因此法币的交易量目前不太可能取代 USDT，特别是在世界各国监管部门对数字货币还抱有谨慎态度的大环境下。也就是说，USDT 的不合规不受监管，反而促成了它的霸主地位。”

这两段中有个关键判断“USDT 不合规不受监管”，这个判断有几分道理？

我们先来看看 Tether 和关联公司 Bitfinex（共享一个 CEO），以及他们共同的运营商 iFinex 过去这几年被美国商品期货交易委员会（CFTC）调查、被纽约州检察长起诉和被集体诉讼的过程。

首先，这三家公司都是在香港成立的，但是服务对象遍及全世界。例如，在莫斯科的火币交易所，中国企业每天购买的 USDT 总量可以达到 1000 万至 3000 万美元。火币驻俄罗斯场外交易负责人玛雅·沙克纳扎洛娃（Maya Shakhnazarova）说："他们（中国企业或个人）在莫斯科积累了大量现金，需要 Tether 将其转移到中国。"[1] 操作很简单，就是用现金购进 Tether，然后就可以在全球流动了。如果需要将 Tether 清算为人民币，可以通过场外交易做市商（例如 Huobi 和 OKEx）找到匹配的买家，然后一方通过银行、支付宝等发送现金，另一方则发送 Tether。莫斯科的加密货币企业家告诉 CoinDesk，大批 USDT 在一夜之间被转移到中国，然后兑换成人民币。

俄罗斯的另一个场外交易负责人 Dobrynin 说："中国人非常依赖 USDT，他们对此非常信任，而且流动性很好。"[2] 他称自己的客户主要是中国人，他们通常用"电报"（Telegraph，一个俄罗斯人发明的社交软件，相当于微信）。他还告诉 CoinDesk，在 2018 年加密币熊市之前，中国灰色市场进口商曾经依赖比特币。随着比特币价格的飞涨，商人和中介可能会在

---

〔1〕 https://finance.yahoo.com/news/millions-crypto-crossing-russia-china-040019650.html.

〔2〕 https://finance.yahoo.com/news/millions-crypto-crossing-russia-china-040019650.html.

此过程中赚到额外的钱。但是自2018年初比特币一泻千里以来，他们不敢再冒险了，于是转向升值空间虽不高，但有锚定的USDT。要直接从Tether这个公司以美元来买卖USDT，必须通过公司的尽职调查，使用“了解您的客户”（KYC）流程来验证交易者身份。但是，由于接送令牌运行在公共区块链上，任何人都可以接收或发送它，二级交易不受限制，因此有很大的流动性。

2018年，俄罗斯当局承认，中国商人将便宜商品带到莫斯科的购物中心，出售商品，将拿到的现金通过加密币进行转移。俄罗斯银行财务和货币监管部门负责人尤里·波卢帕诺夫（Yuri Polupanov）在汤姆森路透（Thomson Reuters）主办的会议中称，该市的几家大型购物中心每月产生约95亿美元价值的“不受控”现金流。这些购物中心位于莫斯科郊区的大型仓库内，设有多个零售摊位，主要出售服装，通常以现金的方式交易。销售目标对准那些无力在衣橱上花很多钱，甚至故意避开流行连锁店的人们。[1]

俄罗斯RBK通信社称，Polupanov表示：“我们

---

〔1〕 https://finance.yahoo.com/news/millions-crypto-crossing-russia-china-040019650.html.

看到，大部分收入都转化为加密币……然后再将该加密币转移到那些商人和生产者的家乡，并随后将其交换为当地货币。”“某种程度上讲，中国严格的外汇进出管制，大大助长了比特币、稳定币等多种货币的使用率。”

可见，这些作为全球运营的交易所和做市商，被多国观察着、监视着。即使一国的法律难以管辖，它们也可能被其他国家的“域外管辖权”所管辖，尤其是美国。在对 Tether 的监控中，美国扮演了主导角色。

2016 年，美国商品期货委员会对和 Tether 同享一个 CEO 的加密币交易所“Bitfinex”提起诉讼，指控 Bitfinex 未能将相关比特币实际交付给客户[1]，认定 Bitfinex 提供非法的“场外”融资加密币的“商品交易”服务，却从未按照美国《商品交易法》（CEA）要求，注册为“期货委员会商人”（FCM）。CFTC 援引的 2010 年《多德—弗兰克华尔街改革和消费者保护法》有规定，除非是实体交易，否则期货委员会商人必须在一定期限内实现实际过户。例如，28 天之内，必须实际交付比特币，转移商品的所有权和

---

〔1〕 https：//www. cftc. gov/PressRoom/PressReleases/pr7380-16.

控制权。

该命令要求 Bitfinex 支付 75,000 美元的民事罚款，并停止任何违反美国《商品交易法》的行为。[1] 之后 Bitfinex 宣布不再服务于美国客户。然而，3 年后，Bitfinex 和 Tether 以及运营商 iFinex 都因服务于纽约客户，而在纽约法院被起诉。

这次又是因为什么呢？USDT 自从上市以来，就一直受到质疑——每一枚 USDT 的背后真的有 1 美元的储备吗？据悉，共享首席执行官的 Tether 和加密货币交易所 Bitfinex 于 2017 年 12 月 6 日收到了美国监管机构的传票。2018 年，Tether 声称，由联邦调查局前局长路易斯·弗里斯（Louis Freeh）创立的律师事务所 Freeh Sporkin&Sullivan LLP 访问了 Tether 的两个银行账户长达数周，截至 6 月 1 日，认定 Tether 发行的价值 25.4 亿美元的 USDT 背后有一对一的准备金。至于“为何不找大型会计师事务所审计”，Tether 的律师霍格纳告诉彭博社，大型会计师事务所不会接受使用加密币的客户，因为四大公司对加密币市场的高风险程度感到厌恶；于是 Tether 退而求其次，找了 Freeh Sporkin&Sullivan。在 2018 年 2 月，另一家研究

〔1〕 https：//www. cftc. gov/PressRoom/PressReleases/pr7380-16.

机构 Bitmex 表明，Tether 可能有足够的现金储备（可能在波多黎各的一家银行中），以匹配其代币发行。[1]

当然，这些审计结果不可能平复“风险厌恶者”的怀疑。同时，这些公司的各种问题被很多人紧盯着，下一个问题的关键词是“风险揭示”。

2019 年纽约州检察长莱蒂蒂亚·詹姆斯（Letitia James）向州最高法院起诉，称 Bitfinex 和 Tether 以及他们的运营商 iFinex 损失了的客户和公司约 8.51 亿美元资金后，进行了掩盖，没有将此信息公之于众。她还称，两家公司均未获得在纽约从事“虚拟币业务”（Bit License）的许可。

纽约州检察长办公室声称，Bitfinex 使用注册在巴拿马的公司 Crypto Capital 进行“支付操作”，并因此丢失了 8.51 亿美元的资金，但没有通知投资人这个巨大风险。纽约州检察长说，“Bitfinex 正谋划从 Tether 处获得高达 9 亿美元的现金储备，但是却没有任何书面合同或贷款抵押担保”（意指一金两用，或挪用，或总体准备金不足）。

〔1〕 https：//cointelegraph. com/news/tether- has - enough - usd - to - back - tokens - says-law-firm-in-unofficial-statement.

纽约州检察长说：“在 2018 年 10 月 15 日，Bitfinex 向市场宣称——所有加密币和法定提款均按常规进行并且一直在进行，没有受到丝毫干扰。但是，该公司提供的文件显示，在此期间，Bitfinex 在处理客户提款方面遇到了严重问题。”Bitfinex 律师强调，现在 Bitfinex 手中有足够的美元满足任何赎回申请，但不意味着每一个 USDT 后面有 1 美元的存款背书。

在调查令以外，纽约州检察长明令禁止了 Bitfinex 和 Tether 两家公司的资金往来。

2019 年 3 月 4 日，Tether 发布官方公告，更改其准备金制度，将 USDT 的准备金由美元扩大至包含“传统货币和现金等价物，有时可能还包括其他资产、应收账款、这些资产产生的应收账款（例如向第三方发放的贷款）”。[1]

随后，在 2019 年 3 月 29 日寄给纽约州检方的邮件中，Bitfinex 代理律师称：“在确认遭受了来自 Crypto Capital 的 8.5 亿美元损失后，Bitfinex 迅速与 Tether 达成协议，以‘合理的条件’向后者寻求 9 亿美元的循环信用贷款，贷款以 BitFinex 持有的 6000 万股

〔1〕 https://cryptonews.com/news/bitfinex-tether-hit-with-usd-850-million-cover-up-wrap-in-ne-3754.htm.

iFinex Inc. 的股票作为抵押，在邮件当日 Bitfinex 已经获得约 7 亿美元贷款。”这个邮件还提到了一笔于 2018 年 11 月发生的、此前未经披露的 6.25 亿美元资金转移（从 Tether 向 Bitfinex），同样是解决 Bitfinex 的流动性问题。该公司办公室希望当局不要阻止 Bitfinex 上的合法交易，并要求法院在调查结束之前维持现状，并“避免对纽约投资者造成持续和未来的伤害”[1]。

4 月 24 日，纽约州最高法院命令 Bitfinex 和 Tether 出示相关文件、记录和信息，这些关键性信息对纽约州检察长是否在 5 月 3 日后进行持续审查的裁定至关重要。Bitfinex 和 Tether 回应说，纽约州检察长的法庭文件是“不诚实的，并且充斥着虚假的断言，包括据称在 Crypto Capital 造成的 8.5 亿美元的所谓损失”。他们说：“相反，我们被告知，这些加密币资金并未丢失，但实际上已经被扣押（冻结）。我们正在并且一直在积极努力，行使我们的权利，寻找补救办法，并释放这些资金。”[2]

---

〔1〕 https://cryptonews.com/news/bitfinex-tether-hit-with-usd-850-million-cover-up-wrap-in-ne-3754.htm.

〔2〕 https://cryptonews.com/news/bitfinex-tether-hit-with-usd-850-million-cover-up-wrap-in-ne-3754.htm.

在两方争执期间，纽约州最高法院大法官是怎么着手解决这个问题的呢？

2019 年 5 月 1 日，纽约州最高法院大法官乔尔·科恩下令，要求纽约州检察长向法院提供足够理由，来说服法院认可其禁令的合法性：

· 为什么不应立即取消纽约州检察长关于禁止 Bitfinex 和 Tether 资金往来的禁令？

· 为什么不能修改为“允许 Bitfinex 享用 Tether 提供的贷款”？

纽约州检察长必须在 2019 年 5 月 6 日之前提交关于其原因的详细说明。法院给了 5 天时间。

这时，Tether 的法律顾问为了证明“Tether 的持有人没有赎回风险”，在文件里表明，截至 4 月 30 日，USDT 稳定币只有约 74%的等值法定货币支持；USDT 不再以现金或流动资产支持 100%。“Tether 不需要为每张 USDT 持有 1 美元，因为 USDT 有其他种类的资产背书”[1]。

2020 年 1 月，在更多的材料和证据上呈法庭以后，纽约最高法院上诉庭表示，Bitfinex 暂时不必履

---

〔1〕 https：//www. coindesk. com/tether－lawyer－confirms－stablecoin－74－percent－backed-by-cash-and-equivalents.

行纽约州检察长办公室的命令，但是需要提供与Tether之间的文件。

对于Bitfinex和Tether来说，这是一个重大胜利。

iFinex代表斯图尔特·霍格纳（Stuart Hoegner）回复："我们对专家组的决定感到满意，我们期待着在上诉法院解决重大的实质性问题。"最新的法院判决对Bitfinex来说是一个巨大的喘息机会。但Bitfinex和Tether仍然需要说服法院。如果失败，Bitfinex将不得不接受任何进一步的审查。[1]

这个案件正在进行中，其结果难料，但应该可以肯定，Bitfinex和Tether提供的文件表明，纽约州检察长指控的"Bitfinex从Tether处获得现金储备，但是却没有任何书面合同或贷款抵押担保"的陈述并不在理。但同时，没有及时披露巨大损失，就是没有履行对投资人的责任。况且，这两家公司都存在无照经营的问题。这些都是把柄。

下一个Tether和Bitfinex卷入的案件，是被控"操纵市场"。2019年，得克萨斯大学的John Griffin教授发文表示，以美元背书的加密币Tether被用来操

〔1〕 https：//www. coinspeaker. com/bitfinex-tether-stablecoin-court-case/.

纵比特币和其他几种加密币的交易价格。[1]

2019年10月初，总部位于纽约的律师事务所Roche Freedman对Tether和Bitfinex提起了“集体诉讼”。该案指控上述实体涉嫌操纵市场、涉及欺诈、倾销、洗钱。罗氏·弗里德曼（Roche Freedman）的律师团队辩称：

· Tether声称其所有Tether代币（USDT）由等额的美元支撑是公然的谎言。

· 该公司一直在发行大量无抵押的USDT，以操纵加密币产品以及整个数字资产市场的价格。

其诉讼内容如下：“因为市场相信，一个USDT兑一美元的谎言，所以Bitfinex和Tether有权并且以前所未有的规模操纵了市场，然后从他们创造的‘兴衰周期’中获利。”

区块链权威媒体Cointelegraph为此采访了位于堪萨斯城的政府调查律师Braden Perry，询问这些最新指控是否具有真实根据。Perry说，鉴于司法部和商品期货交易委员会一直在调查这两家公司，且已有一段时间，证据收集得也差不多了，因此你会发现，这

〔1〕 https://www.bloomberg.com/news/articles/2018-10-12/this-texas-finance-professor-sifts-data-for-signs-of-rigged-markets.

次索赔并没有任何新内容。他进一步强调，在这种情况下，原告的主要诉求是“获取透明信息”（而不在于操纵）；如果真有操纵问题，必须拿出具体的电子邮件等表明使用内部信息操纵市场的证据，才能定罪。[1] 2020 年 1 月，这个集体诉讼的主张被原告撤回，代之以一个新的诉讼[2]，具体情况不明。

作为稳定币世界引领者，Tether 还有其他官司或调查缠身。

现在，我们可以来判断一下，Tether 是否有政府监管呢？

当然有，在美国，它必须接受司法部和商品期货交易委员会的监管；在美国经营也必须履行美国的反洗钱合规要求，并接受美国财政部的调查；在香港，也必须接受香港金管局的反洗钱合规要求。

这些监管是否都有效？那就在于执法者的能力和愿意付出的代价了。即使不能抓住全部问题，能抓住一些并杀一儆百，也能提高法律的威慑力。大部分交通违章没有被抓，但那并不意味着震慑违章的交通法

---

〔1〕 https：//cointelegraph. com/news/how-severe-is-roche-freedmans-lawsuit-against-tether-and-bitfinex.

〔2〕 https：//news. bitcoin. com/bitfinex-copycat-lawsuit-withdrawn-and-then-refiled-in-new-district/.

规无效。美国的反洗钱也付出了巨大的代价，但是从统计数据来看，成功率并不太大。[1]

反洗钱在传统金融体系中尚且不得不面对漏网无数的结果，指望在加密币这个陌生的生态中处处有效，那就是痴人说梦。

反洗钱在传统金融体系中尚且不得不面对漏网无数的结果，指望在加密币这个陌生的生态中处处有效，那就是痴人说梦。

但是，考虑到加密币和区块链加速货币全球化的过程将会影响到全世界的投资人和消费者，如果一个国家投入巨大成本来监控管理，除了保护本国人，也算是为世界作贡献。在赢得经验和执法能力的同时，也会赢得威望。

（二）“托管钱包”是一个漏洞

Tether的故事主要是信息披露和准备金的问题。下面，我们来看看加密币生态圈中，其他可能引发诈骗的漏洞。首先要讲的是钱包托管功能。一些投资者使用第三方托管钱包，让第三方持有自己的加密资产，就像让别人控制你的实体钱包一样，可以帮你将美元法币换为加密资产，也可以帮你转账付款。

这其实很危险。哈佛大学教授Timothy Massad指

〔1〕何为、罗勇：《你所不知的金融探头：全球金融机构与美国的金融制裁和反洗钱》，北京：社会科学文献出版社，2019年11月版。

出，在传统证券和衍生产品世界中，由于存在利益冲突，法律要求将交易平台与钱包托管职能分开。但是在如今的加密币世界里，尚无类似要求。[1]《华尔街日报》2019年声称，在2018年前6个月内，多个贸易团体制造了175个“拉高甩卖”的骗局，包括先拉高121个加密货币的价格，然后甩卖，使其价格暴跌，给投资人造成了数百万的损失。[2] 这就跟一些基金公司拉高某些股票价格，然后甩卖一样。但是，在加密币领域没有明确用证券法来监管之前，这样的事情肯定是很多的。加密币领域需要逐渐完善这些监管，才能保护投资人和消费者的利益。

（三）ICO 欺诈

最后，我们来看看人们关注的另一个欺诈形式——通过 ICO 欺诈，主要讲证券类代币的 ICO 发行。

ICO 指首次发行代币，募集数字货币的行为。ICO 发行为“信息披露不佳”创了历史新低。这不只是没有财务报表的问题，许多用于提供新代币的“白

〔1〕 https：//www. brookings. edu/wp - content/uploads/2019/03/Timothy - Massad - Its-Time-to-Strengthen-the-Regulation-of-Crypto-Assets-2. pdf.

〔2〕 https：//www. wsj. com/graphics/cryptocurrency-schemes-generate-big-coin/.

皮书"甚至都没有提供公司地址或告知资金去向[1]，至于披露历史财务数据和前瞻性信息，大多数 ICO 的操作记录不会超出几行代码。此外，ICO 编码的复杂性质使得审核过程非常困难，要求仔细检查代码的底层架构。这与在典型的公开发行中审查公司的宏观财务报表相比，更具挑战性。[2]

ICO 作为一种新的众筹方式，给了投资人和初创者前所未有的灵活度，能释放创新能量，因此值得尝试通过监管来规范发行行为、保护投资人利益。

前文已经介绍过，在 2017 年发行的市值至少有 5000 万美元的 ICO 中，近 80% 皆属诈骗。[3] 只有大约 14%的 ICO 成功进入在全球数字货币交易所上市的阶段。但是，该研究也发现，从金额上看，这 80%的骗局一共只涉及了 ICO 融资总额的 11%，集中在较小项目中。另外，ICO 作为一种新的众筹方式，给了投资人和初创者前所未有的灵活度，能释放创新能量，因此值得尝试通过监管来规范发行行为、保护投资人利益。

加密币史上最为有名的 ICO 管制案是在美国发生的。2016 年，德国公司 Slock. it UG 开始了 DAO 的 ICO 发行，以以太坊的形式筹集资金。白皮书提出了

---

〔1〕 https://www. brookings. edu/wp-content/uploads/2019/03/Timothy-Massad-Its-Time-to-Strengthen-the-Regulation-of-Crypto-Assets-2. pdf.

〔2〕 https://www. theregrev iew. org/2019/09/26/kees-need-talk-about-icos/.

〔3〕 https://research. bloomberg. com/pub/res/d28giW28tf6G7T_Wr77aU0gDgFQ.

“自动化组织治理和决策”，通过区块链上的智能合约使组织管理的各个方面自动化，包括发布章程、公司规则或其他事项，发行完成后，募集了约1.5亿美元。

但事情来了。2017年，美国证券交易委员会认定，DAO是未注册的证券代币（Security Token），因为：

·作为投资合同，投资者向一个产业实体投了资；

·购买者有合理预期——将来会因此投资获利；

·这个回报是建立在别人或实体的工作产出之上。

美国证券交易委员会没有对DAO实施实质性惩罚，它采取执法行动，是为了借此机会警告其他未注册的ICO——非法向公众发行证券是会受到惩戒的。2017到2018年，SEC敲锣打鼓，通知整个加密币社区，未注册的产品将面临执法行动，以前认为联邦证券法律不适用于他们的ICO发行人，现在正面临SEC的执法行动。

从效果上看，迫使证券型ICO发行者在SEC注册，才能消除发行人与投资者之间的信息不对称。发行人的背景、融资、业务计划和金融股权的重要信息都非常重要，可供证券投资者研究分析。据报道[1]，SEC使用在DAO报告中建立的理论框架，对ICO发行人采取了各种执法行动。

2017年12月11日，SEC对Munchee，Inc.（以下简称“Munchee”）发出了终止令，要求其停止未经注册的MUN代币发行。Munchee筹集资金，是为了改进其iPhone应用程序，允许用户查看餐厅的用餐情况、招募新用户、购买广告、撰写评论、出售食品以及进行其他交易。SEC审查后得出结论，MUN代币为证券。SEC指出，根据MUN的招募书，符合1933年证券法对证券的定义。当然，并不是所有的ICO发行都被视为证券发行，SEC反对将ICO中出售的某些数字货币视为证券。

2018年3月7日，SEC开始监管使用“未来代币简单协议”（Simple Agreement for Future Tokens）的ICO，向80家未注册为证券的数字货币公司发出传票。2018年11月16日，SEC宣布对ICO证券登记违规者的首次民事处罚，受罚者是ICO发行人CarrierEQ，Inc和Paragon Coin，Inc。与DAO的结局不同

〔1〕 https：//news. law. fordham. edu/jcfl/2019/01/25/cryptocurrency－ico－issuers－on-notice-after-sec-seminal-dao-report/.

的是，Airfox 和 Paragon 都被罚 250,000 美元，同时必须根据 1934 年《证券交易法》注册其 ICO，以及向 SEC 定期提交报告，以保证信息透明。2019 年 SEC 对 ICO 的执法行动比 2018 年增加了 43%，其中针对 Kik、Block. one 和 Telegram 的执法最引人注目[1]。

现在，世界上主要的发达经济体都将符合证券属性的 ICO 视为证券来管辖，包括日本、中国香港、新加坡、欧盟等重要经济体。不同程度的监管，导致了全球化的 ICO 在国际层面环境的不确定性。其中，美国 SEC 以严格和难缠著称，美国使用 1933 年的证券法来定义证券，并结合一系列的后续法律进行监管，有两个方面特别值得注意：

一是保证投资者能够获取有关公开发行证券的财务等重要信息；二是明确禁止发售证券时出现欺骗、虚假陈述和其他欺诈行为。

很多证券型 ICO 采取的策略是，先拒绝接受来自美国的投资者，再等合适时机，以合适方式进入美国资本市场。

用 1933 年的证券法来定义一个完全不同的新证券形态，其实有很多不完善的地方，有的地方窒息了 ICO 的正常发展。但是，这不妨碍 SEC 的“长臂”

〔1〕 https://www.forbes.com/sites/robertanzalone/2020/01/23/blockchains-five-top-security-law-and-regulatory-trends/#383a75e83e0b.

伸得很长，因此很多证券型ICO采取的策略是，先拒绝接受来自美国的投资者，再等合适时机，以合适方式进入美国资本市场。

2018年3月19日，中国香港证券及期货事务委员会（Securities and Futures Commissions，SFC）停止了黑池科技有限公司（Black Cell）向香港公众发售首次代币发行（ICO）。[1] Black Cell的ICO，属于买币持股型——将名为Kropcoins的数字货币出售给投资者，其收益将用于开发农产品相关的移动应用程序，旨在弥合农民与市场之间的鸿沟；作为交换，代币的持有人将有资格获得Black Cell的股权。[2] SFC裁定，这一行为构成潜在的未经授权的促销和无照集资。基于该裁定，SFC要求Black Cell将香港投资者在此次ICO中所投资金如数奉还。[3]

Black Cell是怎么应对的呢？现在这个公司已向Kropcoins的购买者退还了购买用的以太币，并在其网站的登录页面上发布了一个通知，特别指出：代币销

---

〔1〕 https：//www. sfc. hk/edistributionWeb/gateway/EN/news-and-announcements/news/doc%3FrefNo%3D18PR29.

〔2〕 https：//www. lexology. com/library/detail. aspx? g = 21835b00 - 23aa - 4b41 - a20e-77805bdc78f8.

〔3〕 https：//www. sfc. hk/edistributionWeb/gateway/EN/news-and-announcements/news/doc%3FrefNo%3D18PR29.

售“不向美国公民（和/或美国居民）、香港公民或国家法律不允许的任何公民或居民开放”[1]。

事实上，香港 SFC 早在 2018 年 2 月 9 日就警告说，该机构正在密切监控 ICO，并已对“一些加密货币交易所和 ICO 发行人采取了行动。”再往前推，SFC 继 2017 年 9 月 5 日发布关于 ICO 的声明之后，对许多加密币交易所和 ICO 发行人采取了监管措施，已致函香港或与香港有联系的七个加密货币交易所，警告他们未经许可，不得买卖《证券及期货条例》所定义的证券加密币。这些加密货币交易所中的大多数，要么确认它们不提供此类加密币的交易服务，要么立即采取纠正措施，包括从其平台上删除相关的加密币。SFC 也已致函七家 ICO 发行人。他们中的大多数确认遵守 SFC 的监管制度，立即停止向香港投资者提供代币[2]。显然，Black Cell 可以在被警告时作出这个决定，但是它没有，于是后果更严重。

再看一个德国的例子。据报道[3]，随着加密货

〔1〕 https：//www. lexology. com/library/detail. aspx？ g = 21835b00 - 23aa - 4b41 - a20e-77805bdc78f8.

〔2〕 https：//www. sfc. hk/edistributionWeb/gateway/EN/news-and-announcements/news/doc%3FrefNo%3D18PR13.

〔3〕 https：//www. forbes. com/sites/stevenehrlich/2019/07/24/280-million-ethereum-real-estate-bond-seeks-to-recapture-the-promise-of-the-ico/#8490b0b69399.

币社区传来 Blockstack 和 YouNow 等领先公司获得美国 SEC 批准，可以向散户投资者出售证券代币（Security Token）的消息，一家德国初创公司宣布已获得德国金融市场监管局（BaFin）的批准，以发行该国的首个设立于区块链上、面向全球散户和机构投资者的房地产债券（也就是说，这也是一种证券代币）。该公司名为 Fundament Group，在以太坊区块链上发行了 2.8 亿美元的代币化债券，与传统债券不同的是——债权记录在区块链上，以加密币的方式呈现。该融资项目以德国主要城市的商业房地产投资为后盾。募得的资金将为五个独立的建设项目提供支持，其中三个在汉堡，一个在法兰克福，一个在大学城耶拿。建成后，包括住宅、商业和酒店物业在内的投资组合将总计超过 680,000 平方英尺。该公司预计，从 2019 年 7 月底至 2033 年，每年将向投资者支付 4%—7%的利息，2033 年投资者将全额收回最初购买的名义金额。同时，该代币可以与大多数主要钱包互动操作，并可在全球范围内转让。

为了获得德国金融市场监管局对招股书的批准，他们来回花了 7 个月的艰苦时间，已经对该平台进行了大量的信息披露和风险管理，并将对试图从 Fundament 购买代币的人进行“了解您的客户”（KYC）身份认证。

但是，这家公司吸取了前面多家公司的教训，把美国、澳大利亚等国的投资者排除在首次交易之外。据创始人弗洛里安（Florian）称，如果美国证券交易委员会或其他监管机构发现或怀疑他们正在向美国发行证券，将引起美国相应的调查；如果被调查，可能会损害该公司未来在美国的计划，例如，通过私募发行将证券出售给美国机构投资者。[1]

再来看看瑞士在ICO管制中的政策。瑞士的ICO管理政策跟美国一样开放，但是赋予参与方更多自由和发展空间。[2] 瑞士希望建立一个开放的加密币和区块链环境，从而成为加密币金融的一个国际中心，在监管上也正在尽力跟上。据报道，2019年，瑞士金融市场监管局（FINMA）对加密币市场进行了1185项调查（2018年为1086项）和30项执法（2018年为42项）。其执行部门密切关注了2019年瑞士ICO项目，在十多个项目上发现了违反《反洗钱法》（AMLA）的行为，并对负责人提出了指控。由

---

〔1〕 https：//www. forbes. com/sites/stevenehrlich/2019/07/24/280－million－ethereum－real－estate－bond－seeks－to－recapture－the－promise－of－the－ico/#8490b0b69399.

〔2〕 https：//www. brookings. edu/blog/techtank/2018/10/10/the－future－of－cryptocurrency－regulation/.

于怀疑有非法行为，另外八起案件当事人被警告，最后针对三家公司启动了执法程序[1]。

与中国一样对任何形式的 ICO 严令禁止的国家中，比较有影响力的是韩国。

韩国政府通过制定“国家信息化总体规划”实现了高水平的国家信息化，是互联网访问速度的世界领先者，约 92%的人口是互联网用户。2005 年，韩国是第一个完成从拨号上网到宽带互联网访问过渡的国家。[2] 韩国在引入加密货币方面处于领先地位，是世界第三大比特币交易市场。但是，自 2017 年以来，韩国政府一直维持 ICO 禁令。2019 年 9 月，韩国国民议会曾考虑取消对 ICO 的禁令，但是，2019 年 9 月的一项调查发现，韩国人主导的 ICO 发行公司正在利用外国司法管辖区从韩国国民那里募资，这个发现让政府暂时打消了让 ICO 合法化的想法。后来，韩国国家政策委员会主席 Min Byung-Doo 宣称有必要使 ICO 合法化并提供适当的监管框架，他还敦促韩国对 ICO 敞开大门。截至 2020 年 3 月，这一政策没有变化。

〔1〕 https：//fintechnews. ch/blockchain_bitcoin/60-ico-investigations-by-finma-in-2019/34332/.

〔2〕 https：//www. coinspeaker. com/south-korea-maintaining-ico-ban/.

中国政府严令禁止ICO的主要原因是风险大，监管成本高。但是中韩都在自己的国土上留下了窗口——中国有香港，韩国仍然允许国民参加国际上的ICO融资〔1〕。留下窗口是有前瞻性的，毕竟这是一个新生事物。

中国政府严令禁止ICO的主要原因是风险大，监管成本高。

现在中国亟须解决的问题是传统证券业监管的问题。2020年3月出台的新《证券法》强调了这些方面的技术创新〔2〕：

现在中国亟须解决的问题是传统证券业监管的问题。

· 全面推行证券发行注册制度，简化证券发行条件；

· 扩大适用范围；

· 强化信息披露要求；

· 完善投资者保护制度。

历史上每个国家，包括英美，都经历过证券业缺乏监管而导致的投资者被骗、被大肆"割韭菜"的阶段。新《证券法》从保护投资人的方向创新发力，将改善国内的投资环境，给未来新的证券形式的发展预留了空间。

〔1〕 https://www.ccn.com/why-south-korea-ban-crypto-ico-risk-billion-dollars/.

〔2〕 http://www.csrc.gov.cn/pub/shanghai/ztzl/pfzl/202003/t20200306_371622.htm.

国家战略层面
——新一轮货币地位争夺战

不同的国家战略塑造了不同的监管政策。在加密币这个革新性的行业野蛮发展之时，欧美日在监管方面走在前列，甚至已经在制定国际标准，而其他国家和地区则另有谋划。

隐秘资金外逃是个零和博弈

加密币市场规模现在虽小，但与传统金融系统有广泛联系，如果允许加密币与主权法币互换，主权法币资金就有可能通过这个漏斗，挣脱国家的资金流动限制，尤其是外汇管制，成为一个具有全球意义的自由资金形式。

先说外汇管制。全球性的资金自由流动是最大化资本收益的根本保障，但是，很多时候恶性资金的大量流入或境内资金的大规模出逃都会引发国家主权货币震荡，因此很多国家都有严格的外汇管制。战后，欧洲多国曾实行严格的外汇管制，以防止资金出逃，现在大多已放开。作为发展中国家，中国一直实行非常严格的外汇管制，以维持与美元等一揽子货币的浮动汇率，防止恶性造市，也防止一些人把大量资金转移到外国，当然特别的合规投资和移民转移等除外。

人民币在海外尚未开始自由汇兑，而是在几个离岸交易中心进行有限交易。如果人民币资产通过加密币出境，然后通过加密币与各国货币进行兑换，这实质上就逃避了中国对海外交易的管制。如果加密币流通体量增大，将会导致这些管制形同虚设，影响深远。

对于期望把自有资金大规模转移到国际市场的个人或实体来说，用法币购买加密币，然后向全球自由传输，毫无疑问可以为他们带来一条全新的渠道。于是不难理解，因此担心资金外逃的国家会用最严格的政策来打击法币和加密币之间的转换通道。

在前面讲到的“Troika Laundromat”洗钱案中，一向以廉洁著称的丹麦因为爱沙尼亚分行，也因为将俄罗斯资金转到西方而卷入了迄今为止规模最大的洗钱案。

隐秘资金外逃是一个零和博弈，欧美国家很可能是这些隐秘或非法资产的主要接收方之一——很多加勒比海上的避税天堂或者反洗钱机制薄弱的地区接受了大量资金。欧美国家通常有很复杂的反洗钱、反逃税体系，但只要资金来源合法且不用于违法意图，跨国资金转移本身不受太多限制，不过是公民自由转移资产的另一种方式。虽然加密币给现有体系带来的挑战是空前的，然而，欧美国家大都没有在政策上“切断”法币和加密币之间的交易，其中一个原因就是他们没有太大必要担心国家资产隐秘流失之类的重大影响。

欧美国家大都没有在政策上“切断”法币和加密币之间的交易，其中一个原因就是他们没有太大必要担心国家资产隐秘流失之类的重大影响。

例如，在世界银行对全球 2020 年营商环境便利性的评比中，美国居于第六位，在对世界有显著影响的大国中排名第一，英国居第八位。

根据联合国贸发会议 2019 年发布的《世界投资报告》，2018 年全球范围外商直接投资（FDI）降至 1.3 万亿美元，降幅高达 13%。作为营商环境最好的大国，2018 年美国吸引的外商投资额仍然位居世界第一，为 2520 亿美元，作为第二名的中国是 1390 亿美元。[1]

可见，资产在自由流动上任何形式的改善，都会有利于像英美这样的资金流入国。中国现在已成为新兴市场最大的资金流入国，但是资金暗地里流到发达经济体的动机也很多，因此，如果留下加密币这个大漏洞，不管是无背书加密币，还是稳定币如 USDT 和 Libra 等，都相当于给中国的外汇管制撕开了一个口子。

不承认民间加密币的货币属性，但以人民币背书、由中国人民银行发行的数字货币则在持续推进，是因为加密币的种种优势不可忽视，比如我们前面已经提到过的——本币控制中心化、全球传输去中心化。

不承认民间加密币的货币属性，但以人民币背书、由中国人民银行发行的数字货币则在持续推进。

角逐共识性经济的不同姿势

中国在区块链技术上遥遥领先，使中国在数字货币之争中处于较为有利的地位。

---

〔1〕 https://www.bea.gov/data/intl-trade-investment/direct-investment-country-and-industry.

众所周知，中国十分重视区块链——2015年国务院将其发展纳入了“十三五”规划。2019年，习近平主席表示，中国希望以区块链、人工智能、物联网和其他技术为驱动力，引领全球创新。相较之下，特朗普政府在2019年2月才发起美国的“人工智能计划”，其中却没有针对区块链的全面、协调和一致性的战略。[1] 现在，从各方面来看，中国在区块链技术的使用和开发方面明显处于世界领先地位，拥有最多的专利数，是美国的3倍。[2] 央行数字货币研究所所长穆长春表示[3]，人民银行数字货币研究所（数研所）已经先后推出数字票据交易平台和人民银行贸易金融区块链平台。数研所已牵头编制“金融分布式账本安全规范”等多项金融行业标准，并积极参与国际清算银行（BIS）、金融稳定理事会（FSB）等国际金融标准制定组织的工作，也参与了国际标准化组织（ISO）和国际电信联盟（ITU）等区块链标准研制。目前，人民银行已申请了多项区块链专利，居

---

〔1〕 https：//www. washingtonpost. com/opinions/global-opinions/china-is-racing-ahead-of-the-united-states-on-blockchain/2019/03/07/c1e7776a-4116-11e9-9361-301ffb5bd5e6_story. html.

〔2〕 https：//cointelegraph. com/news/us-and-china-battle-for-blockchain-dominance.

〔3〕 http：//blockchain. people. com. cn/n1/2020/0225/c417685-31603794. html.

全球央行首位。人民银行贸易金融区块链平台开启了国际化对接，将联合境外同类贸金平台，共同构建生态化体系。截至2019年12月17日，参与该平台推广应用的银行达38家，业务量超过870亿元。2017年，上海票交所和数研所共同牵头开展了建设基于区块链技术的数字票据交易平台的相关工作。该平台于2018年1月25日成功在实验性生产系统上线试运行，顺利完成基于区块链技术的数字票据签发、承兑、贴现和转贴现业务。据中国工商银行2020年4月发布的区块链发展白皮书，2019年中国企业区块链相关专利申请量增长明显，入榜前100名全球企业中，中国占比63%，美国占比19%。

当别的国家的数字货币仍在孕育之中，中国的人民币数字货币已经开始进入大众生活中。如前文提到的，2020年10月8日，深圳微博发布厅发布消息称，为推进粤港澳大湾区建设，结合本地促进消费政策，由深圳市罗湖区出资，通过抽签方式将一定金额的资金以数字人民币红包的方式发放至在深个人数字人民币钱包，社会公众可持发放的数字人民币红包在有效期内到罗湖区指定的商户进行消费。

可见，政府主导型“国家PE”比民间自发型经济在效率和速度上通常更高。但是民间自发型经济更加了解当地甚至全球的需求，从需求入手，自然成长。如果私营企业没有慧眼看到发展的大方向，则注定会落后。政府具有高瞻远瞩的规划是基于一个假设——政府聚集了一个国家最有才能的人，而依赖民间和私营实体是基于另一个判断——国家最有活力和判断力的群体在民间，政府只是为他们提供便利和维护安全。说到底，一个国家的战略方针是多年来的政治体制、本位偏好、是否有社团自治/社区自治种种传统因素塑造的，各有优劣。国家 PE 速度快，但是有可能造成浪费。民间生长速度可能慢，但是紧贴应用场景和成本收益考虑，因为用自己的钱在下注。在完全没有政府投资或推动下，美国已经出现了 Ripple、Stellar 、摩根大通的 IIN 等国际结算平台，IBM 的供应链平台，以及 Libra 的国际金融底层基础设施等计划；同时欧美国家已经有多种加密币以稳定币的形式锚定到其主权货币上。如果监管得力，最终发展也有可能是巩固其主权货币的全球领地。

从区块链战略的远期方向上看，中国的发展方向是简化中间手续，加强中心化控制，提高效率，这是国家主导的产业发展目标。

从区块链战略的远期方向上看，中国的发展方向是简化中间手续，加强中心化控制，提高效率，这是国家主导的产业发展目标。正如贵阳市委常委、常务副市长徐昊在央视《对话》栏目中所说的——中国的区块链不是关于权力下放，而是“去中介化”。

中国的数字支付平台，如微信和支付宝，已经改变了中国的支付模式。在2019年第四季度，阿里巴巴控制了中国移动支付市场的55.1%，腾讯控制了另外38.9%的份额，二者几乎垄断了数万亿美元的移动支付业务。[1] 中国人民银行行长易刚明确表示，这些大公司构成了挑战和财务风险。例如，如果其数字支付基础设施遭到黑客入侵或其他破坏，可能会导致严重的短期经济不稳定。另外，由于人们将钱存入数字钱包而不是银行账户，这给商业银行的存款造成了压力，钱从传统的银行系统中流失了[2]。

中国央行推出数字货币，不仅可从微信和支付宝夺回部分移动支付阵地，在交易过程中掌握数据主权，还有利于人民币的国际化。前面已经提到，2015年10月，中国推出了跨境银行同业支付系统（CIPS），以取代SWIFT，但是进展不大。建立在区块链上的数字货币可以绕过层层的关系银行，则有希望。有研究认为[3]，如果中国能够成功建立一种以数字人民币为中心的新的国际支付体系，将会获得促

中国央行推出数字货币，不仅可从微信和支付宝夺回部分移动支付阵地，在交易过程中掌握数据主权，还有利于人民币的国际化。

[1] https://www.scmp.com/tech/apps-social/article/3077941/chinas-mobile-payments-see-rebound-offline-vendors-reopen-after.

[2] https://chinapower.csis.org/china-digital-currency/.

[3] https://chinapower.csis.org/china-digital-currency/.

进国际使用其货币的新途径。为此，中国政府可以分享他们的技术专长，帮助其他国家构建自己的数字货币，从而建立可与 DCEP（Digital Currency Electronic Payment，即数字货币电子支付）互操作的数字货币网络。例如，中国可推动将 DCEP 纳入与“一带一路”项目及双边贸易有关的跨境支付中。现在，中国已经开始与多个国家（包括俄罗斯、巴基斯坦和土耳其等）在双边贸易中推动使用人民币替代美元支付。

数字人民币现阶段的国际战略，与其说是将人民币推上世界中心货币的地位，还不如说是防御性地控制数据风险。前文提到过，通过 SWIFT 的国际货币传输，将金融地图的大部分暴露在西方国家之下，像一颗定时炸弹。使用央行数字货币将有潜力把国际人民币结算的数字主权掌握住，减少风险敞口。

目前人民币在国际支付中的比例仍然很小，人民币要成为世界中心货币，还有很长的路要走。

中国的新货币战略是一个政府主导型的宏大战略。相较之下，西方国家的政策则是被动式地对民间私营经济发展的回应，比如对 Libra 的对策就是对民间金融力量的被动回应。花费巨大成本对各种加密币和区块链金融形态的监管，也是西方国家对民间金融活动带来的后果的回应——其中有防范金融风险和犯罪风险的考虑，也有对投资者和消费者的保护。

在西方国家，政府常常不是唯一关注这些问题的机构，还有很多活跃的民间组织也牵涉其中。例如，由于对隐私方面的关注，麻省理工学院的 IDE 区块链支柱和基金会的创始人、Elastos 的共同创始人桑尼·冯·汉（Sunny Feng Han）认为[1]，现在互联网无法保护所有人的数据和隐私，是时候设计一个新的互联网了。他们认为，需要一个新的互联网作为新的基础设施，以实现对等商务、塑造可信赖的环境，同时保护未来所有人的数据主权。现在，他们正在构建所谓的“现代互联网”——开源、端到端加密，并由区块链提供支持。

新金融枢纽地位的竞争

现在，大国在争先恐后地推进本币中心化，在国际结算上绕开中间人，争夺领地，这个竞争已经开始。小国在扮演什么角色呢？它们也在摩拳擦掌，争

〔1〕 https：//knowledge. wharton. upenn. edu/article/can－u－s－catch－chinas－blockchain－dominance/.

夺国际结算枢纽地位。在传统金融体系中作为国际金融枢纽、离岸金融中心的国家或地区，如新加坡、中国香港，都在努力创造一种开放、欢迎的环境，以求维持其金融枢纽和次中心的地位。香港和新加坡是美元离岸清算中心所在地，与同为清算中心的伦敦不同，它们的 GDP 严重依赖其全球金融枢纽的角色。它们需要确立在新兴加密币金融体系中的链接功能，承担不起被落下的后果，当然会主张给予更多政策支持。

在这一轮新兴货币的发展中，瑞士、马耳他和百慕大显然有决心成为加密币的推动者和中心。

在这一轮新兴货币的发展中，瑞士、马耳他和百慕大显然有决心成为加密币的推动者和中心。它们为加密币的发展创造了一个避风港似的政策环境，以期将这个新兴金融科技吸引到家，乘着金融革命这股“东风”来提高自身在国际金融圈中的地位。

为什么这些国家（或地区）这么倾心于这股“东风”呢？因为这是一个虚拟的服务业，可以立足任何地方，服务于全世界，不需要厂房、不需要廉价劳动力、不需要制造业高端科技优势、不需要产业链打造等等一系列麻烦事，也不是一个需要持久投资、在基础科技多年沉淀磨剑的行业。总之，看起来像个弯道，适合没有其他优势的小国来抄近路。同时，作为历来全球高净值的资金流向地的小国，他们也有巨大的动机来占领这个新兴市场的一席之地。

美国拥有加州硅谷，中国有深圳硅谷，瑞士有楚格（Zug）小镇——加密谷。据报道，在楚格倾尽全力发展加密币之前，瑞士就在努力成为全球加密币金融科技的试验场——2017 年 7 月，瑞士已经通过优惠政策、放开金融和数字货币的通常规定，将一批很有潜力的加密币金融科技公司吸引进来。他们甚至修改银行执照的标准，为收入低于 100 万美元的金融公司取得存款执照，并允许在开业 60 天以内通过众筹融资。[1] 这样的政策无疑会催生加密币创新项目的繁荣。

以太坊基金会和 Facebook 的 Libra 联合会都将总部设在瑞士。

项目吸引过来，如果没有好的管制措施和监管力度，任由项目野蛮生长，自然不是好事。其实，瑞士在明确监管政策、回应公司问题和帮助公司合规上面，都走在全世界的前列。每个加密团队都可以描述其项目，并将其发送给瑞士金融市场监管局（FINMA），他们通常会在 4—8 周内收到明确声明，说明

---

〔1〕 https://cointelegraph.com/news/which-countries-are-best-to-start-blockchain-projects.

监管规定是否适用。[1] 瑞士已在监管 ICO 项目、反洗钱、诈骗和逃税等案件的执行中积累了多年的经验。

再来看马耳他。马耳他律师、Bitmalta 总裁、Blockchain Advisory 董事总经理 Jonathan Galea 对区块链权威媒体 Cointelegraph 谈到了马耳他的独特之处：

“简单地说，在区块链和加密货币方面，马耳他政府、反对派和所有监管机构正在将同一条绳索拉在一起，万众一心，众志成城，追求一个单一的愿景：使马耳他成为加密币和区块链技术与应用领先的国家之一。”

“在与本地和国际上加密领域的各个重要利益相关者进行磋商之后，马耳他在不到两年的时间里就创建了世界上第一个临时的、全面性的监管框架，以应对区块链和加密相关活动的法律、技术和财务方面的挑战，以期为生态圈提供绝对的法律确定性和保障，促进而不是限制其发展。”[2]

2018 年以后，马耳他就要求加密币相关企业必

---

〔1〕 https：//cointelegraph. com/news/which- countries - are - best - to - start - blockchain-projects.

〔2〕 https：//cointelegraph. com/news/which- countries - are - best - to - start - blockchain-projects.

须注册经营。现在，全球最大的加密币交易所 Binance、OKEx、BitBay、Coininvest、Decentralised Ventures、nChain 等大的加密币行业领先企业都在马耳他开设了办事处。[1]

下面我们来看看作为传统金融枢纽之一的新加坡。新加坡对加密货币和区块链等新兴技术的到来持非常欢迎的态度。2016 年年底以来，新加坡金融管理局（MAS）已经在探索，如何使用分布式账本技术来进行清算和结算。已经有新加坡银行与美国摩根大通银行合作，使用区块链技术，成功地试行了货币跨境传输。另外，新加坡政府机构已经开始使用以太坊“智能合约”，为本地教育机构的毕业生颁发、验证数字证书。

2017 年 8 月 1 日，新加坡金融管理局作出澄清，在新加坡发行数字代币将受其监管。其副总理当时表示，尽管新加坡金融管理局本身并未系统性地监管虚拟货币——没有专门针对虚拟货币的系统性法律政策，囊括其作为证券、商品以及货币等多个方面，但是将开始制定新的支付监管框架，以解决与虚拟货币相关的风险。虽然新加坡金管局尚未对 ICO 进行特别

〔1〕 https：//kintu. co/crypto-companies-malta/.

立法，但是会引用适用性法律，并在必要时考虑制定更有针对性的立法。[1] 事实上，新加坡从 2017 年起就按照已有的证券法律来监管证券式 ICO。

现在，新加坡的加密币企业必须先注册，然后通过许可后才能在该辖区运营。

2020 年 1 月，新加坡宣布了《 2019 年支付服务法》（PSA），主要针对加密币行业的反洗钱和反恐融资。现在，新加坡的加密币企业必须先注册，然后通过许可后才能在该辖区运营。[2] 这是继欧盟的反洗钱第五号指令（AMLD5）以后循着西方世界的治理逻辑在全球规范加密币运营的又一新进展。虽然监管立法过程仍处于碎片补丁似的推进中，但任何规章制度的明确化，都将为加密币行业从业者消除政策的不确定性，有利于其在新加坡的长远发展。

背靠中国大陆，作为世界加密币和区块链经济生态中心之一的中国香港，对这个新兴生态的发展一直持有非常宽容的态度。直到 2019 年年底，香港金管局才开始要求加密币交易所必须进行注册、执照经营。实际上，香港在反洗钱上一直紧跟国际标准，但

〔1〕 https：//www. kramerlevin. com/images/content/4/6/v2/46184/181115 - presentation-ICO. pdf.

〔2〕 https：//www. bloomberg. com/news/articles/2020-01-27/singapore-launches-new-regime-for-cryptocurrency-payments-firms？ utm_campaign=socialflow-organic&utm_source=twitter&utm_content=business&cmpid=socialflow-twitter-business&utm_medium=social.

2019年全球反洗钱标准制定监管机构FATF在评估时，认为其仅大体符合加密币监管标准。因此，香港在2020年加大力度建立专门针对金融创新的、符合FATF加密币履行原则的反洗钱/反恐融资新规。[1]另一方面，香港证券及期货事务委员会已对许多加密货币交易所和ICO发行人采取了监管措施，并规定，未经许可不得买卖《证券及期货条例》定义为证券的加密货币。

位于香港的加密币创新活动十分活跃，除了前面提到的Tether这样的公司以外，香港汇丰银行已经完成了用区块链技术对货币进行国际传输的尝试。由于加密币创新集中在瑞士、新加坡和香港等地，为给未来的国际货币结算乃至国际金融领域的革新做准备，2019年10月，国际清算行（Bank of International Settlement）宣布在这三地建立研究中心，致力于研究各国央行发行的数字货币如何在区块链上整合和传输等多项枢纽性项目[2]。如果成功，这将预示着数字货币时代国际金融枢纽三足鼎立的态势形成。

---

〔1〕 https：//www. hkma. gov. hk/media/eng/doc/key－information/guidelines－and－circular/2019/20191216e2. pdf.

〔2〕 https：//www. bis. org/press/p191008. htm.

发展中国家借此加强与世界的金融联系

为达到联合国和美国金融制裁、反洗钱、反逃税、反腐败的合规要求，全球的金融机构需要对高风险地区的代理银行进行加强性尽职调查。在计算潜在罚款、需要付出的监控成本以后，很多银行干脆切断与代理银行的关系，放弃交易机会以自保。

世界银行 2015 年的调查显示[1]，全球 55% 的银行在减少代理银行账户，75%的国际性大银行在切断与高风险的代理银行的关系。地方性银行称，美国和英国的银行是切断代理银行关系的主导者。地方性银行认为，货币转移服务和中小出口者都受到影响。银行间金融信息交流组织 SWIFT 发布的报告也显示出关系银行账户的显著减少。自 2013 年摩根大通被美国货币监察长办公室（OCC）罚款惩处以后，关闭了 500 个关系银行账户；同年巴克莱银行切断了和 150 个转账服务公司的代理银行账户。不仅是小的汇

〔1〕 Erbenova, Michaela, Yan Liu, et al. 2015. “The Withdrawal of Correspondent Banking Relationships, A Case for Policy Action.” https://play.google.com/books/reader?id=6q6vDAAAQBAJ&pg=GBS.PA11.

兑公司受到影响，高风险地区的大银行也难逃此劫。

世界银行和国际货币基金组织在2015年到2016年的调查中发现[1]，非洲、加勒比、中亚和欧洲的小国，例如圭亚那、海地、牙买加、伯利兹、特立尼和多巴哥，是被切断代理银行（以下简称断代）影响的重灾区。

这些国家的关系银行账户被切断的主要原因有：有很多不易监管的离岸金融机构、法律框架问题、顾客群中高风险顾客的比重，以及有较多特殊的高风险服务种类。在亚太地区，太平洋岛屿国家受灾最重。在非洲，博茨瓦纳、利比里亚、安哥拉都已经陆续有多个断代事件。在拉美和亚洲一些更大的经济体，例如墨西哥，断代的影响也存在。当然，被制裁的国家或地区断代事件更多。

加勒比地区的伯利兹，全国只有两家银行保持了西方国家大银行的关系银行账户的完整使用权限。伯利兹中央银行也失去了两个代理银行关系。太平洋岛国，如图瓦卢、马绍尔群岛，由于他们自身国内的金融系统很弱，长期依赖西方大银行，因此断代对他们

〔1〕 Erbenova, Michaela, Yan Liu, et al. 2015. "The Withdrawal of Correspondent Banking Relationships, A Case for Policy Action." https://play.google.com/books/reader?id=6q6vDAAAQBAJ&pg=GBS.PA11.

来说影响很大。图瓦卢最大的银行失去了澳大利亚银行的代理银行关系。马绍尔群岛唯一的一家国内银行在2016年被一家美国银行告知“由于美国新规的成本太大，需要切断和该行的关系银行账户”[1]。

在非洲的利比里亚，2013年到2016年间，全球大银行已切断了75个关系银行账户中的36个。所有的利比里亚银行都至少失去了一个关系银行账户。现在处理美元支票耗时长、价格高昂，只有一家主要的银行在做，办理每张支票要价150美元。另外，一个西方银行在2014年也切断了利比里亚中央银行的欧元关系银行账户。2015年，安哥拉唯一一家提供美国纸币的银行中断了该服务。一家国际性大银行中断了和安哥拉多家银行的代理银行业务，仅仅跟安哥拉中央银行保持关系银行账户关系。现在只有一家欧洲银行为安哥拉的银行提供美元关系银行账户服务，总共只有两家安哥拉银行现在有美元的直接关系银行账户。

在这些国家的关系银行账户被关闭以后，其国际贸易运行受阻，美元结账的费用增加，中小银行的收

[1] Erbenova, Michaela, Yan Liu, et al. 2015. “The Withdrawal of Correspondent Banking Relationships, A Case for Policy Action.” https://play.google.com/books/reader?id=6q6vDAAAQBAJ&pg=GBS.PA11.

人和竞争力被压制。然而，这些影响都不能跟那些日常一餐一饭受到影响的无辜人群来比，他们背负的代价外人很难感同身受。

从高风险国家到发达国家来工作的很多移民，来源国的家人依靠他们定时寄回的收入生活。据世界银行估计，每年移民寄回来源国的钱大约有4400亿美元，是发达国家提供的援助总量的三倍，这笔钱对于这些发展中国家的重要性可见一斑。比如，40%的索马里家庭依靠海外寄回来的钱度日。[1]

世界银行2015年调查发现，85%寄回的钱都是通过小的货币汇款公司。然而，高风险地区的小公司却最容易被国际金融系统遗弃。菲律宾中央银行报告称，菲律宾的32个汇款公司中有84个关系银行账户被关。当这些小公司被遗弃在美元交易系统以外，汇款人很难找到合适的、廉价的替代服务，而最终使用的替代性服务通常价格高昂。2014—2015年，当亚太地区收到的汇款在增长的时候，中东和北非地区收到的汇款却在减少，同时俄罗斯因受制裁而导致卢布贬值，汇到东欧和中亚的汇款大幅减少，降幅

〔1〕 Erbenova, Michaela, Yan Liu, et al. 2015. “The Withdrawal of Correspondent Banking Relationships, A Case for Policy Action.” https://play.google.com/books/reader?id=6q6vDAAAQBAJ&pg=GBS.PA11.

达20.3%。

现在，区块链为这些国家与外部世界的金融联系开辟了一条新的道路。理论上，他们不再需要关系银行就能够跟世界上各个角落的人做生意、传输货币。

现在，区块链为这些国家与外部世界的金融联系开辟了一条新的道路。理论上，他们不再需要关系银行就能够跟世界上各个角落的人做生意、传输货币。这也正是Facebook的Libra和Stellar、Ripple这样的世界货币的初衷。除了民间货币以外，作为主权国家，发展自身的央行数字货币开始成为一些发展中国家的重点项目。前面提到过马绍尔群岛发行的以区块链为基础的央行数字货币，就是为了摆脱国际金融霸权，加强与外部世界的金融联系。

中国可以帮助这些发展中国家开发数字货币，同时构建区域性的跨境传输体系，以提升世界货币格局的多元化和安全性。

第五章

结　语

世界金融格局的走向

传统的国际国内金融秩序，连带国际中心货币和传统金融机构的垄断地位，受到了来自加密币和区块链的颠覆性挑战。世界金融秩序从“中心化”趋向于“平行化”，对中心和权威的消解，使得民间货币首次获得了与国家主权货币同台竞争的机会。

各主权国家将继续与民间力量和国际势力博弈，其结果将塑造民间货币和主权货币的生长形态，国际金融格局将走向平行化。

未来一段时间，我们将目睹人民币还要与非主权的全球性货币（如 Libra、Tether 等）竞争，与美元、欧元争夺领地，在此过程中，各主权国家将继续与民间力量和国际势力博弈，其结果将塑造民间货币和主权货币的生长形态，国际金融格局将走向平行化。

纳入了区块链底层技术元素的央行数字货币的近期目标，与其说是要进入国际中心货币的行列，不如说是要夺回金融数据主权，减少被国际中心货币和传输工具用作制裁武器进行打击的风险。新兴市场国家央行数字货币的国际化是一个远期目标；新兴市场国家仍然需要与其他贸易伙伴建立起专门的数字货币清算通道，才能扩大其国际影响。但是，将这一努力置于点对点连接的区块链基础上，而不是依赖以西方为主导的关系银行框架之上，跟过去相比，机会和速度都大大提升了。

随着新兴市场国家经济、科技与技术力量不断攀升，国家力量持续崛起，经济结构日趋合理，对出口的依赖下降，其货币政策将会向透明化、市场化方向转变，新兴市场国家货币的国际化将会顺理成章地不断推进，与西方货币同台竞争。

对于更大范围的发展中国家来说，它们也会抓住这个机会，将国家的金融系统与外部世界的联系变得更为多元、更为安全。

中国发行央行数字货币的技术和架构的经验，可以向新兴市场国家和中小国家推广并建立区域性的跨境传输中心，推动人民币国际化，摆脱当前国际金融秩序下西方国家的控制。

西方国家的民间货币将得到更多支持，但由于其发展生态五花八门，投资者和消费者的利益需要保护，国家在监管上将不得不投入大量成本。有强大实力的私营稳定币将出现在其中一些国家。USDT 已经在路上，Facebook 的 Libra 正在准备中，即使采用最不具有野心的形式，参照 USDT，它也有潜力发展壮大。西方国家对这些私营的稳定币的监管在一定程度上规范了其行为，减少了全球投资者和消费者被诈骗的风险，这在一定程度上也是对世界的一个贡献。

现在占据国际货币中心地位的仍然是美元、欧元和英镑。这些货币的现存形式结合传统的货币传输方式，赋予他们在全世界收割羊毛的机会以及货币武器化的途径。显而易见，虽然区块链技术和数字货币将大大提高效率，方便使用者，但这些国家在发展主权数字货币上并不积极。另外，从拥有创新基础到项目落地的速度，现在中国在很多方面都强于西方，这当中有很多原因，其中一个是西方国家考虑的东西太多。比如，数字货币将会产生公民隐私权问题，在西方世界这是一个强有力的实质性阻碍因素。

对于占据世界金融圈中心地位的国际性大银行以及其组建的跨境传输工具如 SWIFT 来说，如何应对来自民间、来自新兴市场国家、来自新技术的挑战，是一个很大的难题。传统跨境传输模式一定会被逐渐放弃，因为所有的主权国家都越来越关注数据主权。处于传统跨境传输中心地位的国际性大银行则将会逐渐失去靠结构洞获取利润的优势，其配合制裁等的武器化效力也将减弱。

传统跨境传输模式一定会被逐渐放弃，因为所有的主权国家都越来越关注数据主权。

对普通人的生活意味着什么？

对于不参与加密币的全球投资、不参与区块链引发的金融生态及权证领域的革新，不需要与国外有任何资金往来的普通人来说，这些变化意味着什么？

将来，现钞会消失吗？对很多人来说，现钞对于保护隐私具有独特的意义，对很多洗钱者来说则是刚需。在数字化经济的今天，世界上多个国家都呈现出现钞撤退的迹象。但是，如果隐私问题不解决，在很长一段时间里，现钞在世界上仍然会广泛流通。

瑞典通过信用卡普及以及电子货币的使用，可能是在抛弃现钞的路上走得最远的国家。但是，最近瑞典出台了一系列法规，要求商店和服务设施提供者必须为现金使用者提供购买渠道。在此之前，已经有大量商家拒绝接受现金，这样对没有银行账户的人极不公平。

据悉，全世界有 17 亿人口没有银行账户，美国有1400万人，中国有2亿。[1] 2017年，在25岁以上的中国人当中，有银行账户的只占79%。[2]

据报道[3]，美国人不持有银行账户大致有以下原因：

· 没有足够的资金开设或维护账户；

· 避免银行获取隐私；

· 不相信银行；

· 账户费用太高或无法预测；

· 身份证、信用卡或以前的银行账户有问题；

· 银行不提供所需的产品或服务；

· 不方便的地点或时间。

据Facebook引用的世界银行数据[4]，几乎三分之二的人没有银行账户是因没有足够的钱开设账户；三分之一的人说他们不需要。同时有大约四分之一的受访者表示，银行的高额意外费用是他们没有账户的部分原因；另外20%认为与银行之间的距离是个重要

---

〔1〕 https：//www.forbes.com/sites/niallmccarthy/2018/06/08/1-7-billion-adults-worldwide-do-not-have-access-to-a-bank-account-infographic/#420739514b01.

〔2〕 https：//www.statista.com/statistics/920173/china-share-of-adult-population-with-a-bank-account/.

〔3〕 https：//extension.umn.edu/spending-and-saving/being-unbanked-what-does-it-mean.

〔4〕 https：//www.theverge.com/2019/6/27/18760384/facebook-libra-currency-cryptocurrency-money-transfer-bank-problems-india-china.

障碍。

在中国，上述原因大多适用，对银行系统的不信任也是一个重要因素。

《汉语世界》[1] 讲了几个故事。一位 60 岁的四川农民齐胜利一直对银行不信任，因此把多年的生活储蓄埋在他的卧室里。这位 60 岁的四川农民向《中国日报》解释说："当我决定取款时，我可能会忘记密码。"然而这一决定是灾难性的：当齐胜利在 2016 年挖出人民币时，白蚁破坏了外面的保护性塑料，几乎吃掉了所有钞票。据中国银行在当地的分行称，在他累积的 20000 元人民币中，只有 600 元是可以挽救的。不幸中的万幸是，一位北京艺术家听说了齐胜利的困境，提出以原始价值购买受损钞票，以制作艺术品，用以告诫老年人在家里积蓄钱财的风险。江苏省一名老妇在厨房下埋藏了 10 万元人民币，用以支付儿子未来的婚礼。当儿子终于要结婚时，钱已经腐烂了。一位 67 岁的渔民将钞票埋在户外，被蠕虫吃掉了 35,000 元（当地银行通过将受损的钞票换成新钞，挽救了 21,000 元）。

这些故事令人扼腕，但是要帮助他们其实比看起

〔1〕 https：//www. theworldofchinese. com/2019/01/the-great-unbanked/.

来难度更大。因为对于不相信银行系统、没有证件、不识字、无法使用现代电子设备的人群，很难将他们从那个即将过去的时代带到数字经济时代。

但是，对于那些身处边远山区——银行或信用机构因无利可图而不设常驻机构的地方，微信钱包、央行数字货币等则能帮助受过教育的年轻人越过崇山峻岭，与外界进行交易。

微信钱包和支付宝等电子支付跟央行数字货币相比，前者的存款只有 50 万元以内是有保障的[1]——跟所有的商业银行一样，50 万元以上的那部分存款没有保险，客户必须面对机构破产带来的风险。相比之下，央行数字货币则具有无限法偿性，与央行直接挂钩，去除中间人的一个直接结果，就是去掉了这层风险。

中国的数字人民币在苏州进行了一次红包测试后，多家商户认为数字人民币具有打破支付宝和微信支付在移动支付中的垄断的潜力[2]。有研究发现，目前腾讯财富通（即微信支付）和支付宝占领了中国移动支付市场 90% 的份额（如下图[3]），

---

〔1〕 http://bank.jrj.com.cn/focus/ckbx/.

〔2〕 https://tech.sina.com.cn/i/2020-12-14/doc-iiznezxs6901259.shtml.

〔3〕 https://bg.qianzhan.com/report/detail/300/200602-dbead071.html.

2019 年第四季度中国移动支付行业企业市场份额统计情况

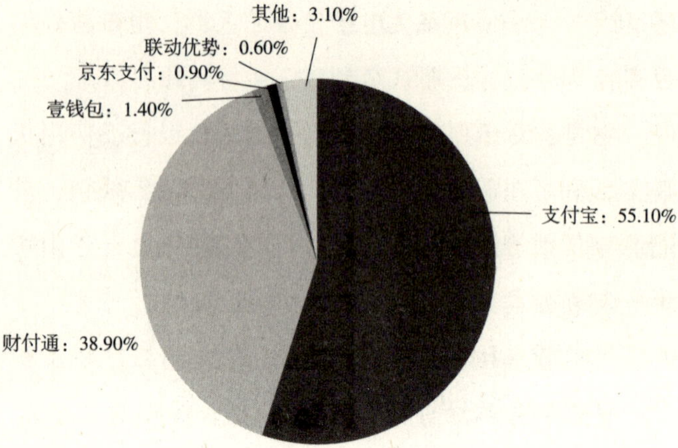

两家独大的局面将消费者暴露在垄断的风险之下——当微信和支付宝在多种交易中收取高额手续费并设置各种壁垒时，消费者并无太多选择。现在，消费者面前有了一个全新选择——数字人民币，交易没有手续费，即使有地震天灾来袭，断水断电，在网上银行、电话银行以及各种电子支付办法都没用的时候，这笔钱仍然可靠。

据澎湃新闻报道，一位销售酒的店员称："微信、支付宝手续费太贵了，我希望数字人民币快点推行。"多个专家也认为，数字人民币的法偿性和便利性将打破目前两家独大的垄断行为，为消费者带来福祉。

我们在面临诸多选择的时候，需要考虑：自己付钱转款的隐私是想分享给商业银行、支付运营商呢，还是给央行呢？中国央行数字货币是“前台匿名、后台实名”[1]，付款数据存于网络之上；对于运营方来说，我们是没有隐私的。大部分情况下，货币使用者其实并没有不暴露隐私的选择，问题是：“这些重要记录给谁？”在关键数据就是生命的今天，个人选择所塑造的集体性结果，将对未来中国的金融领域权力格局产生宏观战略意义。

存私房钱在法律上处于灰色地带，尤其是夫妻在离婚财产清算的时候，但对很多人来说似乎是不得已的选择。然而，任何有形的私房钱都有可能被发现，微信、支付宝等与银行账户连接，均有迹可循。使用者在后台没有隐私，在前台则可享有一定的匿名待遇，这使得央行数字货币成为一部分人的隐性小金库。

另外，纳入了区块链底层技术元素的央行数字货币还有一个好处，其基础架构能够承载智能合约等的编程设置，能为多种交易场景提供便利。但现在这仍然是一个愿景，而为此远景打开通路也算是区块链带来的一个创新优势。

对于既没有加密币投资，又不需要与国外有资金

---

〔1〕 https：//www. jinse. com/news/bitcoin/73610. html.

往来的中国大众来说，数字货币的意义大概就在这些方面了。

从方便性上来说，虽然中国央行数字货币不需要银行账户，但要求借助手机等电子设备。2019 年，中国大约有 16 亿的手机用户[1]，但是很难说是否人人皆有——有人同时拥有工作手机、私人手机、家庭手机，有人可能一部都没有。我们认为，结合手机成本减少、回收手机的便利性，为没有手机的人免费提供设备或者专门的转账电子设备，或许是一个可行的政策选项。考虑到没有银行账户和手机的人通常是社会最弱势的群体——老人、有认知障碍、穷人等等，在支付系统升级的过程中保持金融系统的包容性，应该作为政策的基本底线之一。

最后，加密币和区块链带给不同的人群丰富的创新体验，不是简单的灾难或者福音，更多的是机遇。无论一个国家的政策是朝什么方向的，这个机遇是一个通向更多平等、更多自治、更多主权、将人类从出身限制中解脱出来的发展之路。未来的技术和文化将越来越多地为我们提供这样的机遇。这一次是去中心化、去权威化，下一次也许是更大的突破。

---

〔1〕 https：//www. statista. com/statistics/278204/china-mobile-users-by-month/.